让孩子远离校园霸凌

Rang Haizi
Yuanli Xiaoyuan
Baling

— 闫昕辉 薛梅／编著 —

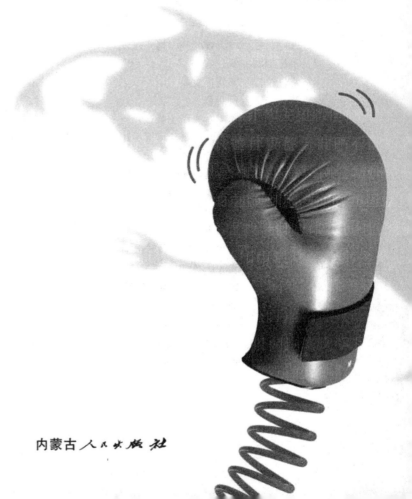

内蒙古人民出版社

图书在版编目（CIP）数据

让孩子远离校园霸凌/闫昕辉,薛梅编著.-呼和浩特：
内蒙古人民出版社，2018.2（2020.11 重印）

ISBN 978-7-204-15271-1

89876 Ⅰ.①让… Ⅱ.①闫… ②薛… Ⅲ.①校园-
暴力行为-预防 Ⅳ.①G474

中国版本图书馆 CIP 数据核字（2018）第 029339 号

让孩子远离校园霸凌

作　　者	闫昕辉　薛　梅	
责任编辑	罗　婧	
责任校对	郭婧赟	
责任监印	王丽燕	
出版发行	内蒙古人民出版社	
地　　址	呼和浩特市新城区中山东路 8 号波士名人国际 B 座 5 层	
印　　刷	永清县晔盛亚胶印有限公司	
开　　本	710mm×1000mm　1/16	
印　　张	13	
字　　数	114 千	
版　　次	2018 年 8 月第 1 版	
印　　次	2020 年 11 月第 12 次印刷	
印　　数	50001—58100	
书　　号	ISBN 978-7-204-15271-1	
定　　价	26.00 元	

如发现印装质量问题,请与我社联系。联系电话:(0471)3946120
网址:http://www.nmgrmcbs.com

前　言

　　我是一个老师，担任教学工作的同时还担任班主任工作。在工作过程中，一直有一个困惑着我的问题，那就是校园霸凌。时有发生的校园霸凌事件对学生的成长和心理健康产生着或大或小的影响。但由于校园霸凌具有隐蔽性和长期性，老师和家长往往后知后觉，不能及时发现。到发现的时候，又总有"无力感"，不知如何降低事件对孩子们的伤害。

　　我思考着这个长期困惑我的问题，出现这类事件后，我积极地跟家长、学生们交流，尽力把霸凌事件对孩子们的伤害降到最低。在这个过程中，我感觉自己的力量确实有限，有时甚至是微不足道的。但同时我也发现：只要方法正确、付出努力，对孩子的心理、成长还是会产生积极的影响的。孩子们的心就像一片土地，心理问题是杂草，师长的关注、理解、尊重等是种子。当孩子的心长了杂草，师长不知道或不关注，有一天孩子的心可能荒芜；而师长为

孩子的心种上种子,陪伴着孩子去滋养种子,让它慢慢长大,当种子长成参天大树,杂草就无处容身,孩子的心理就越来越健康。

种下种子,等待它扎根、发芽、长大的过程是漫长的,很可能一下子看不到效果。写这本书,就是想让家长们意识到种下种子的必要性,并且尽可能给家长们提供一些方法。

写这本书时,我是战战兢兢的。我面对的,是一个尚无定论的全新的课题。我担心出现学术方面的错误,担心我的表达不够准确或不好理解。不过,作为一个关注学生身心健康的班主任,一个研究未成年人心理问题的心理咨询师,我会尽我所能写好这本书,希望家长们通过我的文字,找到一些陪伴孩子的方法,希望孩子们得到一点温暖的帮助。

我们的书中涉及校园霸凌、校园欺凌、校园暴力三种表述方式。实质上,校园欺凌与校园霸凌是同义词,但由于校园霸凌是音译词,在有些语境的表述中不适用,我们就使用了欺凌一词。校园霸凌与校园暴力在我国学术界和法律界尚无明确的区分,很多时候混为一谈。但从国外一些成熟的经验来看,校园霸凌和校园暴力既有明确区别又有互相重叠。校园霸凌主要是指在学校范围内,以大欺小、以强凌弱等现象。校园霸凌和校园暴力的区别主要有:(1)校园霸凌的施暴者包括在校老师、学生,受害者为在校学生,具有固定性;校园暴力的施暴者包括在校老师、学生和校外入侵人员,受害者包括在校老师、学生,具有不固定性。(2)校园霸凌的发生范围在幼儿园、中小学,校园暴力的发生范围包括幼儿园、中小学及辐射区域。(3)校园霸凌具有长期性,隐蔽性强;校园暴力具有偶发性,隐蔽性弱。(4)校园霸凌的危害主要在心理方面,大部分短期内不易治愈;校园暴力的危害性主要表现在身体创伤比较明显,大部分短期内可以治愈。以下两部分内容不是本书要重点讨论的:(1)性质恶劣的校园暴力事件——此类事件在我国是受刑法约束的;(2)学校及辐射范围内发生的非学生之间的暴力事件。我们要讨论的是校园霸凌。其中包括校园霸凌和校园暴力彼此交叉的一小部分内容。在本书,我们用到"校园暴力"一词时,大部分是指那些身体伤害较传统意义的欺负更明显的校园霸凌。

目　录

第一章　校园霸凌离我们有多远

　　校园,在人们眼中是净土,校园生活几乎是每个人人生中最美好、最难忘的记忆。近年来,我国经济在不断发展,社会经历着转型。在社会转型的过程中,各个领域都风起云涌,校园生活也在发生着变化。一方面,教育改革大踏步进行着;另一方面,校园霸凌事件更为频繁地出现,成为全社会的焦点、热点和难点。

第一节　校园霸凌不仅仅是一个热词

　　校园霸凌也称校园欺凌,是一个新鲜的词语,霸凌来自英语 bullying(意为恃强欺弱的行为) 一词的音译。但校园霸凌这种现象早已有之。国际上把校园霸凌定义为:一个学生长时间、重复地暴露在一个或多个学生主导的欺负或骚扰行为之中。具体地说,就是指孩子们之间力量不对

1

等的欺凌与压迫。这些欺压的行为以多种形式存在,如暴力霸凌(身体上的欺凌行为),言语霸凌(辱骂、嘲弄、恶意中伤),社交霸凌(团体排挤、人际互动中的对立),网络霸凌(以手机简讯、QQ、电子邮件等为媒介散播谣言、恶意中伤等),也可能是类似性骚扰般地谈论性或对受欺凌者身体部位的嘲讽、评论或讥笑。在我国,国务院教育督导委员会办公室发布的《关于开展校园欺凌专项治理的通知》把校园欺凌定义为:发生在学生之间蓄意或恶意通过肢体、语言及网络等手段,实施欺负、侮辱,造成伤害的行为。

事实上,校园霸凌一直是世界性难题,是不少国家中小学教育中的顽疾。近年来,我国校园霸凌事件屡屡发生,《中国教育发展报告(2016)》指出,近年来校园霸凌发生的地域范围广泛,覆盖了绝大多数省份,且频次密集。据教育部统计,2017年5月至8月,接到上报的校园霸凌事件达68起。

校园霸凌事件在世界其他国家也时有发生。

在美国,校园霸凌情况严重。调查显示,大约1/4的学龄孩子为长期受害者,大约30%的孩子牵涉霸凌事件。

韩国保健和社会研究院最新的调查显示:在韩国9岁到17岁的孩子里,每三人中就有一人有过遭受校园霸凌的经历,每五人中就有一人曾实施过校园霸凌。

日本2015年版《儿童青少年白皮书》显示:日本校园霸凌现象普遍,在为期6年的追踪调查中,近九成学生曾遭遇校园霸凌,形式包括集体孤立、无视、说人坏话等。

澳大利亚 2015 年的统计数据显示:公立学校平均每周公布的校园霸凌事件就有 60 多例。

……

校园霸凌在各国有不同的分类,但均表现出普遍性、多样性、不均衡性、反复性、隐秘性五大特点。

相关调查显示:性别、体形、学习成绩等都是校园霸凌的主要影响因素。在所有类型的校园霸凌中,男生的发生率都明显高于女生;身体肥胖的学生更容易受到嘲笑、社会排斥甚至是身体上的暴力伤害;此外,学生的学习成绩越差,遭受校园霸凌的风险也越高。

除了学生自身的因素外,客观环境等方面的因素也对校园霸凌的发生有着重要的影响,比如在农村地区的学校,各种类型的校园霸凌发生率都要高过城市的学校。

在现实生活中,每个学校都存在着不同程度的校园霸凌问题。2009 年 8 月,河南某中学一个穿布鞋的女生遭同学扇耳光和推搡,被要求下跪;2011 年 11 月 13 日晚,新浪博客转发清远某中学 4 名学生拳打脚踢一外地女学生的视频;2014 年 8 月 25 日下午,15 岁的少女吴某在茂名图书馆外玩耍时,因被怀疑抢了同班同学好姐妹的男朋友,遭到两名同学和几名外校女生殴打,事后还被对方强逼脱衣服拍视频;2015 年,在江西某初中,数名女生将一名女生罚跪围殴,辱骂、扇耳光、脚踹长达五分钟并拍下视频;2016 年

12月,一位北京家长以一篇《每对母子都是生死之交,我要陪他向校园霸凌说NO》的文章指出,自己四年级的儿子被同学扔厕所垃圾筐,擦过尿和屎的纸撒一身,孩子因此患上中度焦虑症和重度抑郁症;2017年4月,四川一名男生在宿舍跳楼自杀,后来经法医鉴定,男孩身上有多处伤痕,长期遭到校园欺凌……

2015年中国青少年研究中心针对10个省市的5864名中小学生的调查显示,32.5%的学生偶尔受到欺凌,6.1%的受访者表示经常被高年级学生欺负。有研究者于2016年对全国29个县的104825名中小学生进行抽样调查发现,校园霸凌发生率为33.36%,其中经常被欺凌的学生占4.7%,偶尔被欺凌的比例为28.66%。这些事件的发生以及统计数据都表明,我国中小学校园霸凌问题正在呈现日益严重的趋势。因此,预防校园霸凌事件,减少校园霸凌给青少年带来的伤害,已经成为学校、家庭和社会亟待开展的工作。

第二节　国内校园霸凌的法律现状

为了有效降低霸凌发生率,国务院教育督导委员会办公室于2016年4月发布《关于开展校园欺凌专项治理的通知》,要求整治蓄意或恶意通过肢体、语言及网络等手段实施欺负、侮辱，造成伤害的校园霸凌事件。这是我国首次将治理校园霸凌上升为国家行为。一些省市的政协社会和法制委员会也开展了一系列的调研。

2016年，全国政协委员、河南财经政法大学教授邸瑛琪参与了针对河南省5个地市近50所高中、初中、小学及特殊学校进行的校园霸凌问题调研，就在调研过程中，"河南渑池校园霸凌事件"轰动全国。

调研组经过调研后，建议我国规范使用"校园暴力"的概念，"'校园暴力'属于刑法规范的行为，但一般的校园欺凌行为没有达到受刑法规范的地步，'校园暴力'的使用并没有法律依据。"邸瑛琪认为，严重的校园暴力事件具有典型性，但是不具有普遍性。"调研结果显示，50多所学校中，真正发生校园暴力的不足5所学校。所以，不能用典型性去代替普遍性"。

此外，邸瑛琪表示，90%以上的中小学校长、教师、律师不主张用刑法解决校园霸凌问题。根据刑法，我国入刑最低刑事责任年龄为14周岁，且只对8种严重的犯罪行为承担刑事责任。如果将校园霸凌入刑，就意味着将通过司法解释或刑法修正案的形式降低刑事责任年龄。如果将刑事责任年龄降低到14周岁以下，则意味着已满14周岁的未成年人将对刑法规定的所有犯罪承担责任，这样可能导致未成年犯罪人群的扩大化。

在2017年的全国两会上，教育部长陈宝生强调，解决

校园霸凌问题首先要树立法治思维，多用法治方式，依法来办。十二届全国人大五次会议在新闻中心举行的记者会上，陈宝生就"教育改革发展"的相关问题回答中外记者的提问。在回答有关校园霸凌的问题时，陈宝生表示，对于校园霸凌事件，教育部和最高法、最高检、公安部等单位都进行了综合治理，这两年情况大有好转，但尚未根本消除。他认为要建立校园内的安全防范机制和校园外的综合治理机制，用社会、家长和学校的力量进行联合防范。

2017 年 11 月 2 日，北京市西城区人民法院对一起校园霸凌案进行宣判。五名犯罪时未满十八岁的被告人分别被判处有期徒刑。北京的这一判决表明，尽管校园霸凌不宜入刑，但未成年人实施暴力伤害，同样不能逃避法律的制裁。

相信在不久的将来，我国在应对校园霸凌问题上会出台越来越完善的法律法规。

第三节　百个校园霸凌视频背后

随着校园霸凌问题逐步进入人们的视野,2016 年十一月份,央视新闻频道播出专题节目,对 100 段校园霸凌视频进行了分析。这次调研从宏观上整体讨论了这样几个问题:第一,校园霸凌为何会频繁发生?第二,暴力伤害带来了怎样更为严重的危害?第三,对策与办法又在哪里呢?

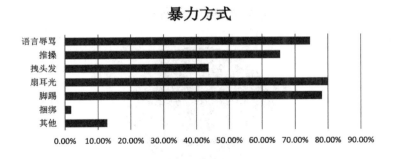

在 100 段校园霸凌视频中,施暴者主要采用的暴力方式是:辱骂、推搡、扇耳光、脚踢等。这其中出现最多的暴力行为是扇耳光,占比 80%;其次是脚踢,占比 78.18%;在所有施暴视频中,有 74.55% 的施暴过程中伴有语言辱骂。除了徒手施暴,有 14.55% 的施暴者使用了棍棒、砖头、板凳等工具击打受害者,其中使用棍棒的最多,占比 50%。校园霸凌不仅仅是殴打和辱骂,受害者通常还会在逼迫之

下遭受强迫道歉、下跪、自扇耳光、扒光衣服等人格侮辱。

是否使用了器具

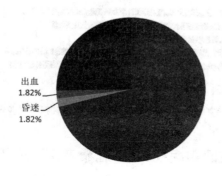

被害人最终受伤程度

出血
1.82%

昏迷
1.82%

　　这些施暴行为对受害者造成了不同程度的身体伤害。有25%的受害者遭受欺凌后倒地不起,严重的当场昏迷。相比于身体伤害,受害者所遭受的精神与心理伤害是难以估量和统计的。

打人者人数

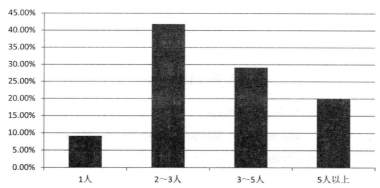

在这 100 段视频中,校园霸凌行为集中表现为多人对一人施暴,打人者达到 3 人及以上的占全部视频的 70% 左右,近 10% 的打人者有吸烟等不良行为。而面对这样的欺凌与侮辱,92% 的受害者选择不反抗,当个别受害者进行言语或肢体反抗时,往往会遭受施暴者更加凶狠的反击。

霸凌发生场所

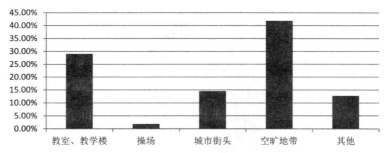

对校园霸凌发生的场所进行统计,结果发现,发生校

园霸凌最多的地方是人员稀少的空旷地带,占比近41.82%,其次是教室、教学楼,占比29.09%。

是否有围观者

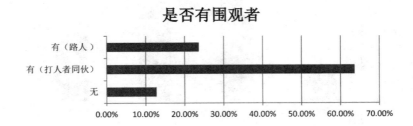

校园霸凌行为大都是在围观下发生的,从视频中可以看到,87%的施暴现场都有围观者,并且没有人出面阻止。网上流传的绝大多数校园霸凌视频是由围观者拍摄的,有些现场还伴有嬉笑、调侃甚至恶俗的解说。

受害人性别

施暴人性别

值得注意的是,在这 100 段视频中,校园霸凌的当事人主要是女性,遭遇暴力伤害的受害者中,男学生占 15%,女学生占 85%。而在施暴者当中,女性施暴者占 82%,男性施暴者占 18%。

在青海、贵州和内蒙古等地,相继出现过受害者因遭遇校园暴力致死的事件。青海省的一名初中学生,在儿童节这一天选择自杀,结束了自己年仅 15 岁的生命。

在整理孩子遗物的时候,家人意外发现了孩子留下的三封遗书,其中一封遗书是写给老师、父母和弟弟的,在这份血迹斑斑的遗书上他写道:你们的学生、孩子、哥哥对不住你们,我因受不了几名同学的欺凌,所以选择离你们远去了。

在这些带着血迹的遗书中,孩子讲述了自己长期被同学欺凌的细节:被强迫拿饭盒、打开水、洗饭盒、倒洗脚水、帮欺凌者洗头,还遭受了殴打。由于无法继续忍受欺凌与

侮辱,孩子选择了轻生。面对校园霸凌,一些孩子自己难以承受也不知道如何正确解决。

　　而就社会层面而言,无论是打人的,还是被打的,都是校园霸凌的受害者,因为他们都是正在成长中的未成年人。我们的家庭教育、学校教育、社会法制应该怎样矫正与预防校园霸凌?为了找到校园霸凌的源头,央视记者走访了北京、广东、四川三地的专门教育学校(针对有严重不良行为的未成年人进行专门矫正教育的学校),对 177 名直接或间接参与过校园霸凌的学生进行了问卷调研。填写了答卷的 177 名学生中,有男学生 144 名,女学生 33 名,主要是 14 至 17 岁的中学生,大约有四分之一的学生来自父母离异的单亲家庭。

在家里愿意听父母的话吗?

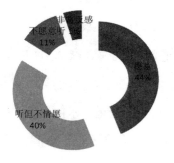

　　问卷首先针对学生们的家庭情况与成长环境进行了调研。针对"在家里愿意听父母的话吗?"这一问题,44%的学生表示愿意,40%的学生表示听话但不情愿,11%的学

生表示不愿意,5%的学生表示非常反感。

犯错时家长通常会怎样教育你?

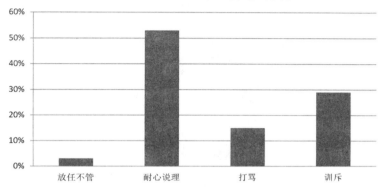

在回答"犯错时家长通常会怎样教育你?"这一问题时,53%的学生表示会耐心说理,29%的学生选择训斥,15%的学生选择打骂,选择放任不管的最少,只有3%。

当你遇到困难或烦恼时,父母会主动和你谈心吗?

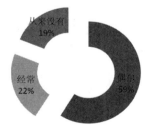

在"当你遇到困难或烦恼时,父母会主动和你谈心吗?"这一问题上,59%的学生选择偶尔,22%的学生选择经

常,19%的学生选择从来没有。

当你遇到困难或烦恼时，你会主动和父母交流吗？

在"当你遇到困难或烦恼时,你会主动和父母交流吗?"这一问题上,54%的学生表示偶尔会,37%的学生表示从来没有,只有9%的学生表示经常会与父母交流。

调研发现,父母与孩子之间无法进行正常有效的沟通是最为突出的问题。一些学生在调研过程中告诉记者,这也曾是他们成长经历中的苦恼与伤痛。

北京市海淀区寄宿学校的一名初中女生说:"我现在没多大,我就14(岁),我不知道我跟他们(父母)有什么快乐的事,我觉得就坐在我爸对面,坐在他面前,我跟他说话,他不理我,他一句话都不跟我说,别人在外面,就叫他一声,他就跑出去了。我坐他面前,我说我想跟我爸聊天,我都哭了,他根本就不会跟我说一句话。我记得我小时候,我在我们邻居家玩,我正要回去,我爸好像喝多了,然后他就把我提溜回家打了一顿,然后从小到大就是这样,之后我就很少回家。"

你参与校园暴力曾经受到过哪些惩戒

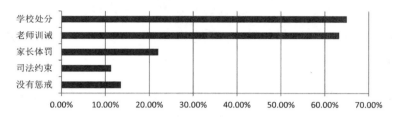

在"你参与校园暴力曾经受到过哪些惩戒"这一问题的答案中,选择受到学校处分的最多,占 64.97%;被老师训诫其次,占 63.28%;排在第三位的是家长体罚,占 22.03%。

针对校园霸凌问题,教育部联合中央综治办等八个部门联合印发了《关于防治中小学生欺凌和暴力的指导意见》,要求加强教育预防、依法惩戒和综合治理,切实防治学生欺凌和暴力事件的发生。

第四节　校园霸凌的后果不可小视

一直以来,孩子在大人的眼中是天真无邪的,加上孩子本身具有心理上不成熟的特性,孩子之间偶尔的打闹,在忙碌的成年人看来,只是玩玩儿罢了。确实,在绝大多数情况下,孩子之间的打闹远远上升不到"霸凌"的层面。但通过前面的介绍,我们知道这并不代表霸凌的情况就不

存在,而且有的时候,来自小孩子的恶意,反而更加纯粹和直接。这对于同样不成熟而敏感的受欺凌的孩子来说,造成的伤害也往往是超乎我们的想象的。那么,究竟孩子之间什么样的"打闹"就算得上"霸凌"呢?是不是就像家长们认为的那样,只要是"我家孩子被欺负了"就属于霸凌,就应该严阵以待,甚至于草木皆兵呢?当然不是。

一般情况下,我们认为,霸凌主要是指在力量不对等的情况下,具有攻击性地对他人的生理和心理造成困扰或者是伤害的行为,而且这种行为具有一定的重复性。也可以说,只要是这种行为对孩子的生理和心理造成了比较大的困扰和伤害,家长和校方就可以认定这属于校园霸凌。而且我们在多年的教育教学实践中发现,校园霸凌的形式往往包括身体暴力、语言暴力、敲诈钱财、排挤孤立、性暴力和网络暴力等,而且不同的暴力形式有一定的性别和年龄特点。比如小学阶段的校园霸凌,往往以语言、身体暴力,敲诈钱财为主要形式。到了初中,校园霸凌则表现出相当的复杂性——不仅暴力形式多样,而且男女生所采取的暴力手段各有侧重。初中女生的暴力形式往往以语言暴力、排挤孤立为主,有时辅以网络暴力,比如通过 QQ 等手段辱骂、威胁、散播侮辱性言论等;而初中男生的暴力形式则以身体暴力为主,而且由于年龄特点,这个阶段男生个体间直接性的肢体冲突往往会引发两个群体间的群殴事件;到了高中,随着孩子身心的逐步成熟,校园霸凌的形式也会发生相应的变化。

随着网络的普及,网络暴力成为不可忽视的暴力形式之一。比如在 2016 年,15 岁的美国女中学生娜塔莉·纳蒂维达德服药自杀。娜塔莉曾多次向学校说明自己被欺侮的情况,母亲为了保护女儿甚至曾经不让她去上学。娜塔莉还在一个名为"放学后"的社交网络上遭到辱骂,匿名者指责其长得太丑,希望她去死。该社交网络的初衷本来是为年轻人提供一个交流自己经历的安全平台,却因为这些不负责任的言论,造成对娜塔莉·纳蒂维达德无法挽回的伤害。由于是匿名,目前无法查清辱骂者的真实身份。

当然,自杀属于校园霸凌受害者选择的比较极端的一种处理方法。除了这种极端案例,校园霸凌可能造成的伤害也是方方面面的。

从心理学的角度来说,人的身心是一体的,被欺凌的孩子所感受到的心理压力往往会在身体层面上有一定的反应,容易出现食欲下降,莫名其妙地头痛、腹痛,也有可能有睡眠方面的问题,比如睡不着、惊醒、睡眠质量差以及经常性地有疲惫不堪的感觉,甚至有些孩子会尿床、免疫力下降等。

此外,脑科学研究还表明,受欺凌对孩子的大脑发育也有一定的影响。这是我们在谈及压力、心理创伤等问题时很少涉及的一块。但是相关研究表明,一些遭受欺凌的儿童或青少年会长期处在巨大的心理压力之下。不论是

无助感还是恐惧感都会最终转化为这种压力,而身体在应对这种压力时会分泌一种抗压激素,这种抗压激素如果长期分泌,会损害孩子大脑神经的发育,严重的时候会引起孩子的发育迟缓,甚至引起孩子脑结构的变化。美国南加州大学和洛杉矶儿童医院的研究发现,长期被欺凌的孩子,他们大脑里的杏仁核区域(控制我们对恐惧、焦虑等情绪反应的一个组织)会显著变大(在男孩子身上效应尤其显著),这就会使长期受欺凌的孩子比一般孩子更容易冲动、焦虑和激动。

而综合前面这些不良影响,身心的压力还往往引起孩子学习方面的问题。比如孩子整天生活在恐惧和不安中,他很难集中注意力,把他的心理能量用在他应该专注的学习上,加上对霸凌的恐惧,孩子还可能旷课,即使不旷课也很容易厌学。所以,霸凌对孩子的学业发展也会造成很大的影响。

最后一点,校园霸凌对霸凌双方的基因也会有一定影响。这不是危言耸听,那么霸凌是怎么改变基因的呢?在遗传学界有一个词叫"表观遗传",通俗点讲,就是说我们所经历的一切都会被"打包"并像"刻录"一样记录在我们的 DNA 上,变成一部分可遗传的信息,传递给我们的后代。被打包的内容包括你对吃过的东西的记忆感受,你的所思所想,你所经历的事件,特别是情绪强烈的事件。它们并不能够改变你的 DNA 排序,但是它可以改变遗传信息。

可见，无论是什么形式的校园霸凌，都极易引发相当严重的后果。虽然父母、老师的早期介入有助于受欺凌学生的心理修复，但是由于孩子强烈的自尊心使他们担心告知父母老师后被人瞧不起，校园霸凌往往又有很深的隐蔽性。所以，作为家长，"未雨绸缪"是最好的办法，应对校园霸凌重在预防。

第五节　应对校园霸凌重在预防

　　在应对校园霸凌的问题上，我们要有预防意识。跟健身的道理一样，我们也要从小为孩子"健心"。当孩子内心强大，充满力量时，遇到学习、人生中的困难、挫折就能够应对，即使遇到霸凌，也能有更强的"抵抗力"和"修复力"。这正如身体底子好，传染病就不容易入侵，即使入侵了，也好得更快。

　　家长朋友们如何入手，帮孩子为以后心理方面的挑战做准备，以防范他们成为校园霸凌的受害者呢？

　　首先，这样的预防从什么时间开始比较好呢？可以说，越早越好，孩子会说话、能交流的时候就可以开始了，孩子小时候的根基要打牢。这个根基在哪儿呢？就在家庭当中。家庭是孩子的第一所学校，他（她）对整个世界的认识，他（她）的安全感，他（她）对情绪的管控能力，他

（她）的行为模式、沟通模式等都是从家庭里面来的。所以说父母作为孩子的第一任老师，要成为孩子模仿、学习的榜样。在一天天的陪伴中，父母要以身作则，有意识地培养孩子的坚强、乐观、积极的人格品质。

第二，在家庭生活中，父母要和孩子建立一种积极而强烈的情感纽带，让家成为一个健康的情感支持基地。父母要与孩子良性沟通，这样，孩子有事儿就会和家长倾诉，寻求家长的宽慰和支持。这一点说起来容易，在具体做时则需要一定的爱的技巧和艺术，它是点点滴滴融入我们日常生活细节当中的。只有父母真正做到尊重孩子和倾听孩子的心声，才能与孩子达成良性的沟通模式。这时，孩子会认为：无论发生任何事情，爸爸妈妈都永远支持我、爱我，与我共同面对、积极解决问题。这样，孩子就会逐渐形成一种开放的、自在的沟通模式。这是非常重要的。一旦形成了这样一种沟通模式，那么家长在很大程度上就可以放心，因为无论发生什么事情，家长都会在第一时间知情，从而能够尽早采取行动帮助孩子。千万不要在家庭里养成这样一种倾向，就是要求孩子很乖很乖，要求他们一味地顺从父母的意愿。如果我们想孩子以后走出去能够独立面对生活、抵抗各种压力，就千万不要让他（她）在家庭里变成"顺从听话的孩子"。

第三，家长帮孩子从小建立自我保护的概念，不是让家长向孩子大力宣扬外界有多危险可怕，而是要教给孩子万一遇到危险情况如何采取行动保护自己。比如在孩子三岁左右进入幼儿园的时候，家长朋友们就可以精选形象而温暖的绘本，给孩子讲一些关于霸凌的故事，跟他（她）交流如果遇到这样的情况怎么应对等。再比如说可以通过角色扮演的游戏，在日常生活当中有意识地教教孩子面对可能发生的霸凌应该采取什么样的应对措施，比如说大声喝止对方、向老师及周围的人寻求帮助、跟家长沟通等等。还有就是跟孩子强调要尽量规避那些可能发生霸凌的场合和人。

第四，孩子到了入学的年龄，人际关系——同伴的陪伴、友谊对他们来说越来越重要。可是，很多时候孩子分不清楚哪些才是真正的朋友，也分不清楚是朋友的质量更重要还是朋友的数量更重要。那么，这些东西由谁来教呢？单凭语文课本中的关于友谊的课文，还远远不够。这一点我们要向美国学习，美国的小学低年级设置了提高孩子情商的课程，即教授情绪智力管理、人际关系处理等的课程。在我国，这是必须由家长朋友来承担的一个责任——帮助孩子去识别哪些是有益的人际关系，帮助他们识别和建立有意义的人际关系，这对于校园里常出现的孤立、欺凌的现象有很大的缓冲作用。

除此之外，我们还建议家长朋友们平时多和老师沟通孩子在学校的表现，多参加孩子学校的活动，多和其他家长进行沟通，相互了解，建立良好的关系。当孩子看到家

长经常地、力所能及地了解他(她)在学校的生活,参与他(她)在学校的活动,他们的内心会感觉更加安全,也会更加自信。这也会给其他的家长和孩子传达这样一个信息:我始终在这里,支持和保护着我的孩子。这在某种程度上也会降低孩子成为霸凌对象的可能性。

第六节　校园霸凌发生后与孩子的沟通

我们需要意识到,即使我们尽力地预防,霸凌也有可能发生在我们的孩子身上。霸凌事件具有不可预期性,可能发生在任何人身上。

那么,在霸凌发生的第一时间,父母该如何与孩子沟通呢?在知道孩子被欺负的第一时间,父母首先要处理好自己的情绪。这真的很难,因为自己的宝贝在学校里被欺负了,有可能程度还比较严重,父母在情绪上的确很难平静。但我们还是希望家长朋友不要在第一时间——在自己特别愤怒、激动甚至很痛苦的时候把这些情绪在孩子面前宣泄出来。为什么呢?因为家长的过激情绪像洪水一样,你一股脑将自己的怒火发泄出来,特别是在孩子面前这样做,既于事无补,对解决问题毫无意义,又把自己对社会和他人的不信任,连带着对这种受害者身份的认同全部传递给了孩子。这"洪水"伤害的是孩子。孩子一旦形成这种受害者身份的认同且没有得到及时有效的处理,他很可能会携带着这个身份认同步入以后的生活,他可能会时时刻刻觉得别人都想伤害他,可能会总是以弱者自居,会变得非常消极。这对孩子心理上的伤害也非常大,容易使他们抑郁或焦虑。

在父母平复了情绪后,要本着一种解决问题的心态参与之后的各个步骤。首先,要了解情况,要对霸凌情况进行详细具体的了解,并且客观地做一些记录。比如,我们需要了解:是谁欺负了孩子。谁是旁观者、知情者。有没有人协助。霸凌发生的时间、地点、具体的过程,对方说了什么,做了什么。还要了解:这件事情在之前是否发生过。孩子是否寻求过老师的帮助。这些细节,家长要记录下来,在之后跟各方的沟通中都会用得到。在之后面对实施霸凌的孩子及家长时,家长朋友要注意发现对方所说的内容与孩子的述说不相符的地方,这些地方往往是查明真相的突破口。

我们把这些相关的信息及时记录下来,才能言之有据。很多时候,霸凌双方在交涉的过程中,会不停强调有利于自己这方的"证据",以致到后来各执一词,是非难辨。因此有必要做初始信息的记录。

接下来,就是尽力把伤害降到最低。把伤害降到最低是指什么呢?冷静地想一想,其实我们做父母的此刻最主要的任务,不是发泄不满,也不是获取一些物质方面的补

偿,而是尽可能降低霸凌事件对孩子的心理伤害。那么究竟怎样做才能够降低这种伤害呢?

在和孩子沟通的过程中要注意以下几点。要知道,孩子是不愿意再次面对这样一些不好的记忆的,他们很可能不愿意和父母去谈论这些事情。所以我们在和孩子沟通的过程中,需要一些技巧来让孩子打开心扉。其实,让孩子说出来,就是对孩子进行第一步的疗愈!

第一,不要过分批评和责备孩子。这恰恰是我们很难做到的,尤其当家长朋友处于为生活、为工作而忙碌的焦躁心态中的时候,跟孩子说这样的事情时,我们特别容易情绪化,说一些抱怨、指责的话,比如"哎呀,你怎么这么没用啊!"这种责备的语气会让孩子很受伤。其实不是他没用,而是孩子的确不知道他应该怎样去处理这个事情。再比如有一些家长会说:"谁让你去招惹他们呢,你离他们远点不就行了么?"等等。这种责备与批评不仅不利于解决问题,而且孩子的无助感和恐惧感反倒会增加。在台湾一部反映校园霸凌问题的电影《报告老师,怪怪怪怪物》里,受到同学欺凌的林书伟去找老师寻求帮助时,老师很不以为然,还反问林书伟:"校园生活除了念书之外,还有人际关系啊,可是你有没有想过,为什么是你不是别人呢?"甚至教育林书伟:"不要招惹他们,你不招惹,他们难道还会继续欺负你吗?"当然,台湾校园网络文学和影视作品里似乎习惯于把各种矛盾集中于孩子和老师之间,所以电影里说这番话的是孩子的班主任老师。其实，工作在教育教学一线的老师们，因为学校对相关问题的重视和作为教师的职业敏感，面对学生反映被欺凌等问题时大多会很重视，跟学生交流时也大多会谨慎措辞。这部电影里的这个典型情节，反映的可能是我们一部分家长面对孩子被欺凌的情况时最容易犯的错误——批评、抱怨。

第二，另外一个极端做法也要避免，那就是轻描淡写或者让孩子别当回事。有些家长在听孩子说了被欺负的事情之后，认为只是小事一桩，直接就和孩子说："跟小朋友之间闹矛盾啊，正常的啊，长大就好啦。"或者说："孩子之间嘛，难免磕磕碰碰，你别当回事儿啊。"这是不可取的。"成长无小事"，在孩子的世界里，这已经是大事中的大事了。从孩子成长的角度出发，童年大部分的事情都可能对他们的心理有很大的影响，千万不能让孩子"别当回事儿"。为什么呢？因为你这么一说，你在孩子那里就会失去一部分信任感，孩子就不会把你看成一个强大的、有力的情感支持。即使说孩子听了你的话，真的假装不把它当回事儿了，但是当他（她）回到学校里，也可能变得更加懦弱，更加无助。父母要做的，是告诉孩子，霸凌是坚决不能被接受的，这是作为一个人的尊严和底线，而且也要告诉孩子，这不是他（她）的错，并且霸凌绝对不会因为容忍就消失掉。

第三，家长在听完孩子的诉说之后，不要在这种强烈

的愤慨情绪之下，对实施欺凌的孩子、对孩子的老师、对学校言辞过激。这种过激的言辞，一方面就像前面说的，容易加重孩子的受害者心态，因为孩子本身就很恐惧，如果家长再添油加醋、言辞激烈，的确会吓到他们，会让他们更加认同自己是个受害者，是个弱者；另一方面就是不要把最有力量帮助孩子的老师、学校推到对立面去，学校是孩子学习、成长最重要的场合，老师是除了家长之外最关心孩子成长的力量，我们一定要争取学校、老师的支持和帮助，而不是推开他们；再有就是事件中的双方还有修复同学甚至朋友关系的可能，我们常常看到，孩子之间，特别是小朋友之间，可能前两天一直在闹矛盾，过几天又和好了，如果说家长对他的同伴、朋友和那些旁观者有言辞过激的行为，那孩子就会采纳父母的这种态度，之后他和这些同伴就很难再有修复友谊的行为以及可能。

补充一点：在运用恰当的方式和孩子沟通的同时，要积极与学校、老师进行沟通以及与涉事的孩子和家长进行沟通。这一点无论是否有效，是一定要做，一定要去尝试的。这个行为本身就是给孩子做了榜样，教给他们面对问题一定要抱着积极的态度去解决。在各方沟通之后，如果说有了解决的方案，家长还要持续跟进了解孩子在学校的各种表现，及时帮助孩子调整状态。当然，除非万不得已的情况下，也不宜过度保护。在孩子遭遇霸凌后，有的家长可能会有过度保护的行为，比如一步一跟、事事都要去询问等,这样的行为可能会使孩子陷入人际孤立的处境中。因为这样的话其他的孩子都会比较小心翼翼,甚至因为家长的"乱入"而不知如何跟这个孩子相处,那么孩子又会陷入另外一种人际交往的困境中。另外,家长要携手孩子身边的"重要他人"做关于孩子的人际交往信心的重建工作,有必要的话,要相信专业的心理咨询机构,让孩子接受一些专业的心理疏导。

第二章　校园霸凌现象在小学

第一节　小学阶段孩子的心理发展

关心孩子的父母就要了解孩子在不同阶段的心理特点和心理发展。

在心理学中，把六七岁到十二三岁划分为童年期。童年期的孩子正处于小学阶段。

有这样一句话，大家耳熟能详：学生的第一要务是学习。这句话用在小学阶段的孩子身上，还是有道理的。小学阶段的确是一个人学习生涯中第一个里程碑式的阶段：从个人的、无序的、随意性的学习状态进入集体的、按部就班的、严谨而有规划的学习状态。在这个阶段，"学会学习"是每个孩子最基本的学习任务。而家长给孩子最好的礼物就是教他学会学习。作为家长，切不可武断地认为：学习就是学习，一心一意埋头学习就好了，别的事不要管它。我们一定要关注的是：学习效果与孩子自我意识的发展息息相关。自我意识包括孩子对自己的评价和孩子的自控能力。孩子的自控能力大家都理解，我们就来说说孩子的自我评价。孩子的自我评价包括他（她）对自己的身体外表、行为表现、学业成绩、运动能力、社会接纳程度（比如大家喜不喜欢我）等等的评价，这些都在影响着孩子的学习效果！孩子的自我评价受到诸多因素的影响，其中，社会支持因素对孩子自我评价起着非常重要的作用，而社会支持因素中，父母和同学又是作用最大的。对自己评价良好、喜欢自己的孩子最快乐；对自己评价不良的孩子，可能会经常产生悲哀、沮丧的消极情绪。作为父母一定要转变一个代代相传的思想："小孩子，懂什么呀？"千万不要用成人的视角看孩子的世界。对孩子来说，与成长、关系相关的事都是大事。

有一个小故事是这样的：

十几年前，她的小女儿还在上幼儿园。一天，她看到了女儿的一幅绘画作品。当时，她一下子就怔住了。孩子总是充满了想象，孩子的世界也应该是一个充满了想象的世界。可是，在女儿的一幅名为"陪妈妈逛街"的画中，既没有高楼大厦，也没有车水马龙，更没有琳琅满目的商品，有的只是数不清的大人们的腿……奇怪！她拿着女儿的画沉思了很久，终于解开了疑惑。原来孩子还小，身高只到大人的腰部，走在大街上，身边全是摩肩接踵的大人们，

孩子除了能看到大人们的腿,还能看到什么呢?

　　这个故事告诉我们:要蹲下身来,站在孩子的角度,才能看到他们的世界。我们一定要认识到,孩子的世界里不只有学习,还有许许多多,那"许许多多",我们称之为"成长"。成长影响着学习,学习促进着成长。而我们能做的,是小心翼翼地观察、了解孩子的世界,教会孩子学习,陪伴孩子成长。

　　这个阶段的孩子,与同龄的伙伴交往是他们社会性发展的重要途径。进入小学后,孩子的归属感从家庭向同伴转移,从同伴中得到友谊、支持和尊重,成为他们必需的精神寄托。如果在同龄伙伴中被孤立,那将给他们造成很大的精神创伤。同伴交往有利于孩子自我概念的发展,孩子可以从同伴的评价中了解自我,逐渐认识自己在同伴中的社会形象和地位。在与同龄孩子交往的过程中,他们逐渐形成了社会交往能力,包括认识自己,了解他人的特点,学习如何处理同伴之间的矛盾和冲突,学习如何坚持个人的主张或放弃自己的意见,学习在同伴交往中传递信息并利用信息决定自己对他人应采取的行动等。同伴的社会交往、共同游戏等活动,要求儿童遵守规则、承担责任、服从权威、完成任务,要求善于团结、协作、助人、谦让,这些都会促进孩子良好个性品质的发展,增强其社会责任感。对每个孩子来说,同伴交往就像对步入成人社会进行的一场模拟演练。作为父母,我们可不能忽视了这场模拟演练,在孩子的世界里,它真实而隆重。我们一定要珍视孩子的伙伴关系,千万不能阻止或粗暴干涉。我们的重要责任是努力为孩子创造建立良好伙伴关系的条件,积极地予以协助和引导,帮助他们建立良好的伙伴关系。

在小学阶段,单纯的孩子们,忙着发展思维,忙着学会学习,忙着与伙伴交往,他们的世界,应该是纯洁美好的,不应该出现不美好的事物。可是,生活中没有绝对化,学会面对一些不美好,也成了孩子们成长中的必修课。比如直面校园霸凌。

不管是家长还是老师,我们要认识到:注重心理建设,是对校园霸凌最好的预防。

第二节 注重孩子的心理建设是对校园霸凌最好的预防

还记得鲁迅先生在他的回忆性散文《从百草园到三味书屋》中写到自己上学前的想法:"我不知道为什么家里的人要将我送进书塾里去了,而且还是全城中称为最严厉的书塾。也许是因为拔何首乌毁了泥墙吧,也许是因为将砖头抛到间壁的梁家去了吧,也许是因为站在石井栏上跳了下来吧……都无从知道。总而言之,我将不能常到百草园了。Ade,我的蟋蟀们! Ade,我的覆盆子们和木莲

们！……"在鲁迅先生的这段话里,我们看到了,即使是大文豪鲁迅,小时候也跟每个男孩子一样:淘气、贪玩,而且因为上学意味着告别无忧无虑玩耍的生活,感到不开心。对于大多数孩子来说,离开以游戏为主的幼年生活,成为小学生,进入校园生活,会因为陌生感、纪律的约束、学习的压力而感到不安和惶恐。而小学六年的学校生活,是一个孩子思维、性格发展跨度很大的时期,对他们而言,家人,尤其是爸爸妈妈的关注、陪伴、指点非常重要。

对于身体健康而言,等生病了去治疗,不如在疾病来临前健身,减小疾病入侵的概率,在疾病来临时,也更容易康复。同理,注重心理建设,让心理强大起来,一方面能减小心理问题入侵的概率;另一方面,出现心理问题也更容易康复。心理建设如同"健心"。小学阶段,父母和老师对孩子进行心理建设,就是对校园霸凌的最好预防措施。

在上一节中我们提到,小学阶段在心理学中被称为童年期。童年期孩子们的社会交往主要指孩子与同龄伙伴的交往。孩子们的同伴交往使每个孩子处于复杂的关系系统中。在这种关系中,孩子们各自所处的地位和所扮演的角色并不相同,甚至差别很大。心理学研究者按照同伴交往中的人气特点,把孩子们分为以下三种:(1)受欢迎的儿童,他们往往学习成绩好,有主见,独立活动能力强,热情,乐于助人,善于交往并易于合作;(2)不受欢迎的儿童,他们往往具有攻击性,对人不友好,不尊重同伴,缺乏合作精神,常出一些不良主意,喜欢恶作剧;(3)受忽视的儿童,他们往往表现为退缩、安静,有依赖性或顺从性,既不为同伴所喜欢,也不被同伴所讨厌。影响孩子在同伴中受欢迎的因素有多种,基本的因素还是儿童本人的社会交往能力。因此,家长要把培养孩子的社会交往技能、掌握同伴交往策略、指导孩子改变会影响同伴接纳度的缺点作为教育孩子的主要方向之一。

上述分类是一个笼统的分类,我们无需把孩子对号入座,也不必强求把生长环境、气质性格各异的孩子都培养成"受欢迎的儿童"。但我们至少可以更早一点发现孩子身上有没有受忽视儿童的退缩、懦弱的特点,帮孩子建立更乐观、强大的心态;也可以发现孩子身上有没有不受欢迎的儿童的不友好、有攻击性的问题,避免孩子成为校园霸凌中的欺凌者。

家长朋友们不可忽略了帮孩子进行心理建设的重要性,要认识到自己在孩子心理建设中的重要作用,而且一定要"建设有方"。那么,家长要怎么做呢?

第一,做好孩子的榜样。

一个孩子在幼儿期(三岁到六七岁)时,成长、发展的主要方式是"认同"。心理学家把幼儿对成人个性品质的效仿称为"认同"。幼儿认同的主要对象首先是父母。到了儿童期,孩子对父母的"认同"对孩子的心理建设仍然起到相当重要的作用。所以,父母首先要做好孩子的榜样。

教育学中说：身教胜于言教。对于老师和父母都适用。父母希望孩子发展哪些方面的能力，或要对孩子进行哪些方面的心理建设，就要在哪些方面身体力行。儿童期的孩子敏锐而单纯，特别容易察觉父母的言行不一致。因此父母在尽力做孩子榜样的时候，一定要特别关注自己的言行一致。比如这个非常常见的小插曲：爸爸妈妈领着孩子在公园玩儿，爸爸接到一个电话，就泰然自若地对着电话说："不好意思啊，我在外面开会呢，一时半会儿回不去。"这个在大人的世界里习以为常的小插曲，可能就教会了孩子说谎、逃避责任，还让孩子对爸爸不能完全信任。成人世界的无奈，我们不多加评论。遇到类似的情况，想到身边那双清澈的眼睛在看着自己，爸爸应该避开孩子去接电话，实在避不开，最好在打完电话后，郑重地跟孩子道个歉，并解释自己不得不这么做的原因。孩子可能不能完全理解，但他（她）能感受到父母对自己的尊重和重视，也会努力去理解爸爸不得不这么做是有理由的。

第二，做好孩子的陪伴者。

每天到了放学的时间，各个小学门前都人头攒动，挤满了家长。很多家长做到了接送孩子、给孩子准备可口的饭菜，有的家长还兢兢业业陪在孩子身边监督孩子学习。这样，是孩子好的陪伴者吗？

应该说，还不是。

在我的孩子上小学时，放学时间几乎都是我到学校门口接他。每次提前到达,等孩子的时候,我都会观察周围等孩子的家长。有些家长彼此认识,就三三两两地站在一起聊天;有的家长把车停在固定的位置,坐在车里等孩子,一边还低头看手机;有的家长不认识其他家长,就独自一人站着,张望着校门;有的家长看上去年龄比较大,应该是爷爷奶奶或姥姥姥爷吧……等孩子们一出门,家长们各自找着自家的孩子,纷纷散去。在这里提醒大家:每天这段短短的时间,是可以利用起来的。

首先,如果能跟孩子的好朋友的家长不时聊聊,就最好不过了。上一节我们提到过:童年期的孩子与同龄的伙伴交往是他们社会性发展的重要途径。平时总听孩子提到的小伙伴,我们多留心一下。在接孩子时,有机会就主动通过孩子认识他(她)的小伙伴的家长。认识了孩子的朋友的家长,偶尔还在接孩子碰到时聊聊天,会有意想不到的收获,可以从不同的角度搜集到孩子的信息。作为家长,我们对孩子的了解往往是通过跟孩子漫无边际地聊天,是单线的信息传递。孩子还小,他们还不具备客观、公正地分析、判断的能力,对人、事、物的看法往往是根据自己的好恶来建立。他们表达的信息难免片面。家长想更多地了解孩子的情况,认识孩子的好朋友的家长比其他途径来得更及时、客观。这样,孩子与同学相处的情况,尤其是同学之间有没有欺负现象的存在,家长就能比较早地了解到。也许您会想:孩子的好朋友的家长如果知道了孩子

之间存在欺负现象，会告诉我吗？那么我们换位思考一下：如果您知道了孩子的好朋友被欺负，会告诉他的父母吗？我相信，一定会的。因为我们一定会替孩子的好朋友着急，一定不希望他受到伤害，所以一定会第一时间告诉孩子的好朋友的父母的。

其次，要认识孩子的好朋友的父母，当然更要认识孩子的好朋友了。家长们可以利用接孩子的时间，或在孩子们一起回家的路上，跟孩子的好朋友建立起一种至少是超过点头之交的关系。跟孩子聊天，切忌聊孩子爸爸妈妈的工作、收入，家里的房子面积，开什么车等内容。多聊聊孩子交往的好朋友，班级学校里发生的事情，尤其是孩子们对事情的态度，孩子们在遇到矛盾、问题时怎么处理的。经过聊天，首先可以跟孩子的朋友建立起比较亲近的朋友关系，同时可以了解第一手资讯，并且家长跟小孩子交往时没有架子、尊重他们，能让孩子对自己的家长刮目相看，之后家长跟孩子交流也会顺畅很多。

当然，回家路上最重要的就是跟自己的孩子交流了。当您接到孩子，一起回家时，您还忙着打电话、处理工作吗？当孩子跟您说起班里发生的事时，您认真倾听，捕捉孩子的情绪变化和好恶判断了吗？当孩子沉默不语，甚至流露出难过、压抑的情绪时，您关注到并主动跟孩子交流了吗？当了许多年老师，我经常听到家长诉说苦恼：孩子一天大部分时间都在学校，回家后就是吃饭、写作业和睡觉，几乎没有时间跟家长交流。孩子一天的时间的确安排得满满当当，每一件事都如此重要。所以，我们更要有意识地见缝插针，利用起有限的碎片时间，比如在接送孩子的路途中跟孩子交流。孩子从学校出来，情绪状态完全来自学校，如果家长在接孩子时，很认真地倾听孩子说话，小心地表达见解，适时适度地提出建议，孩子会习惯性地把一天的见闻感受滔滔不绝地倾诉出来。

从我这么多年当老师，跟孩子、家长打交道的经验看，随着时代的发展，一方面孩子们获取信息的途径越来越多，他们用于获取信息、处理信息的时间越来越长；另一方面，他们与家长、伙伴、老师面对面进行沟通交流的机会不知不觉被侵占殆尽。有的孩子到了小学高年级，在放学后仍然在学校周围或回家路上流连，迟迟不肯回家。家长们一定要认真对待这个现象。从消极的角度看，这是孩子贪玩儿，缺乏时间观念；从积极的角度看，这却是孩子很渴望与伙伴交流的表现。作为家长，我们要尽量抽出时间，跟孩子交流，陪伴他们处理每一天的情绪，而不是一味地责备孩子，或简单粗暴地惩罚孩子。

第三，做孩子的玩伴，跟孩子共同玩耍。到了节假日，一定要留出一段固定的时间，陪伴孩子玩耍。大文豪鲁迅先生在他的文章《风筝》中，对自己当年毁掉了十岁的弟弟的风筝愧疚不已，他说："在我们离别得很久之后，我已经是中年。我不幸偶尔看了一本外国的讲论儿童的书，才知

道游戏是儿童最正当的行为,玩具是儿童的天使。于是二十年来毫不忆及的幼小时候对于精神虐杀的这一幕,忽地在眼前展开,而我的心也仿佛同时变了铅块,很重很重地堕下去了。……"少年时的鲁迅先生对于弟弟而言,是长兄如父,他像一位思想正统的父亲那样,把弟弟看着风筝出神、惊呼当作可鄙的笑柄,把弟弟做的风筝视为没出息孩子的玩意儿。直到中年,他才认识到:游戏是儿童的天性,玩具是儿童的天使。可惜,他已经没有机会弥补了。鲁迅先生写下了这篇文章,一定希望每一个看到它的家长,不要犯同样的错误。

在小学阶段,孩子处于童年期,游戏仍然是孩子学习和成长的重要途径。我见过许多跟孩子交流得非常好的爸爸妈妈,其中相当一部分是能跟孩子共同游戏的。在这些爸爸妈妈身上,我发现一个共同特点:他们很有童心,跟孩子一起游戏时,是认真而投入的。这样的家长,给孩子最棒的感觉,就是平等相待,是身体力行的尊重。在跟孩子玩耍这一方面,往往爸爸做得更好。有一个男孩子 J,从小听力有问题,跟别人交流时有点困难。他进入小学后,爸爸妈妈都很担心他不能交到朋友,不知道他会不会被同学欺负。每天放学时,J 的妈妈就守候在校门口,看到他时总是上上下下打量他,搜寻他身上有没有被欺负的痕迹。有时,他的同学跟他开玩笑,叫他外号或说脏话,他的妈妈就很严肃地警告"欺负"他的同学。后来,J 的爸爸主动担当起接他的任务。爸爸给 J 买了一辆小小的自行车。每天接上 J，爸爸跟 J 一人骑一辆自行车，相伴回家。回家路上会路过一个公园，爸爸每天陪着 J 在公园玩儿半小时，一年四季，从不间断。夏天的节假日，爸爸陪着儿子游泳；冬天的节假日，爸爸看着儿子滑冰。渐渐的，儿子身体锻炼得很结实，学校有什么体育活动他都积极参加。而且因为爸爸总能想出各种各样玩耍的方法，并且提醒儿子约好朋友一起玩儿，儿子不但没有受到欺负，而且朋友越来越多。原本像 J 这样的状况，在集体生活中，比较容易成为同学歧视、欺负的对象，或者在老师的保护下，虽然不被欺负，却孤单不合群。J 的爸爸意识到孩子有可能被同学歧视、欺负，他通过跟孩子玩耍，既锻炼了孩子的身体，培养了孩子的自信，又帮孩子交到了更多的朋友，同时巧妙地帮孩子避开了被欺负的可能。这个睿智的父亲，值得我们学习。

如今的家长朋友们，似乎比以往任何时期更重视孩子的教育，更懂得诸多教育理论，那我们就要比以往任何时期都明白：陪伴孩子，与他们交流和玩耍，是对孩子最好的爱。

当我们认识了孩子的好朋友的家长，与孩子的好朋友成了朋友，并且利用接送时间与孩子交流，在节假日陪孩子玩耍时，孩子在学校的情况我们就能够第一时间了解，孩子遇到问题也会第一时间向我们求助，这时，我们就对孩子比较顺利地进行了初步的心理建设。

第三节　当孩子遇到校园霸凌

我们先来看一个案例：

我没办法对我自己说为什么不勇敢一点，因为我就是一个心软又懦弱的人。那种情况我现在想起来都觉得窒息，更何况当时。我只能说："感谢你挺了过来，并把这些化为蜕变的动力。"说真的，我现在也没有看开当时所经历的一切，也许是因为我现在还没有彻底长大。

我们小学的孩子没有为什么打架斗殴或者言语侮辱录视频。因为那时候还不这么发达。我是转学生，从一个小乡镇到城市里。我知道当时的我有些土里土气，可是我母亲从小教育我要大方，所以我认为我除了说话有些口音、穿着打扮没有那么前卫，跟他们差别也不大。

但是我去学校的第一天，老师也没有给我安排同桌，只是让我自己坐在走道里，而且也算我倒霉，我旁边的男孩子是一个"小混混"。他的劣质从小就有，我被他故意刁难，比如不让我坐下，或者故意占了我的位置，这只是低年级的时候。

等再大点之后，他们知道我怕虫子，就故意把虫子往我身上扔。上操回来我的桌子上、铅笔盒里到处都是虫子的尸体残肢或者是活的虫子。我去找老师反映，老师什么也没说，就这么看着他们戏弄我。

　　五年级应该是最差劲的一年，我分到了一个好同桌，在当时女孩子们看来应该是很帅的。他很照顾我，我们有很多共同话题，下课后经常在座位聊天。然后，对他有好感的女孩子们就会以各种理由孤立我，或者背地里骂我，但是我当时已经不在乎了，所以也没觉得什么。

　　真正让我心寒的是老师。我们数学老师是我非常尊重的，我认为她从没有看不起我，直到那次我在妈妈的高压下，努力在家做题复习考了满分。因为我平常成绩是在80多分，所以很多同学说我作弊，我很不舒服，但是我认为她会相信我。结果下午上课讲卷子，有同学说我作弊，老师甚至也附和了她。可是我当时的状况就是周围人都是不及格那种，我怎么作弊，怎么抄？从此小学数学就是噩梦，说我不敬师长也好，小心眼也罢，我毕业后从未回小学看望老师，甚至碰到那位数学老师也是低头快步走开，反正她应该也不认识我了。

　　说起欺凌我能说出太多我所经历的，因为长达四年的冷暴力夹杂着辱骂恐吓和当出气筒的经历已经让我牢牢记住。太多太多的事件让我说不完，简直每天都在发生。我不能告诉妈妈，因为姥姥刚去世，我也是因为姥姥生病才转学，我不想让她感到愧疚，给她增加更多压力。

　　我初中过得非常好，班里的同学都拿我当妹妹一样宠着，我的学习也一直比较好。我知道很幼稚，可是我每次

41

盼着出成绩就是为了出一口被人侮辱的恶气,就是要证明给曾经欺负我的同学看,我比他们优秀。

可即便是这样,有些东西也在我心里抹不去了,比如对虫子的害怕。比如就算成绩好,问题也会,上课时还是不敢举手,回答问题时会不自觉地发抖(因为小学时欺负我的同学不让我发言,说我只会拖累他们班)。再比如每融入一个新环境内心是那种非常厉害的惶恐……这些就像是我内心的伤口,不想给他人看,又治愈不了,只能让它们慢慢发炎流脓腐烂,然后深深地掩藏。

现在的我只能尽量将这些掩藏,我无法忘却那种深深的绝望和恐慌。一些小的事情都会给人带来一生的阴影,我在那种情况里待了四年,真的无法忘却,无法看开。唯一能做的就是尽量让自己不再陷入这种境况。校园欺凌的恶劣,给人的伤害,真的非常大,可能是很多人一辈子的心理创伤,有很多东西时间也不能抚平。

也许,在一些人的记忆里,有过跟这个女孩相似的经历。也许,在我们身边,还有孩子在经历相似的事情。

在童年期,校园霸凌主要表现为"欺负"。

欺负行为一般划分为三种类型:直接身体欺负、直接言语欺负和间接欺负。直接身体欺负是指欺负者利用身体动作直接对受欺负者实施的攻击,如打人、踢人及损坏、抢夺他人财物等;直接言语欺负是指欺负者通过口头言语形式直接对受欺负者实施的攻击,如骂人、羞辱、讽刺、起外号等;间接欺负是指欺负者借助第三方对受欺负者实施的攻击,如造谣离间和社会排斥等。

在我国,发生在小学阶段的欺负行为有四个发展特点:(1)我国小学儿童欺负行为的发生率为20%左右,并随年级升高而下降;(2)言语欺负的出现率最高,其次是直接身体欺负,间接欺负的发生率最低;(3)欺负有性别差异,男生以直接的身体欺负为主,女生以直接言语欺负为主;(4)有近半数的欺负行为发生在教室,其次是操场、走廊或大厅等地方,欺负行为多数发生在同班同学之间。儿童的欺负行为可以导致受欺负的孩子将来的适应不良,经常受欺负的儿童可能会出现情绪抑郁、注意力涣散、孤独、学习成绩下降、逃学、失眠,严重者甚至出现自杀行为。经常欺负他人者,可能造成以后的行为失调或暴力犯罪。

小学阶段的校园霸凌,通常显性的伤害不大,多数不会对孩子造成严重身体创伤,因此,它具有一定的隐蔽性。有的孩子遇到被欺负的情况,简单地跟家长说几句,家长不认为是什么重要的事,就忽略了;有的孩子因为平时与家长缺少交流或自尊心太强,干脆就不说。作为家长,一定要随时留意跟孩子交流过程中孩子流露出的与同学相处不愉快的信息,关注孩子的状态变化。

当孩子真的遭遇了校园霸凌,作为受欺凌的孩子的父母,积极应对是最好的方法。

家长朋友要过的第一关:自己的心理关。当孩子遭遇

校园霸凌,心理上或多或少会有伤痕,他们需要数倍于平时的关爱、抚慰与陪伴。可是,这时家长们常见的表现是什么呢?平时家长们常常觉得校园霸凌这种现象只是个别现象,离自己的孩子很远。当孩子真的遭遇了校园霸凌,家长往往因为状况突发一时不能接受,表现出愤怒、指责——指责对方,也指责自己的孩子,然后怒气冲冲地思考怎么惩罚实施欺凌的对方。校园霸凌的出现,打破了双方家庭原有的平衡的生活状态。从家长的角度看,一时不能接受是可以理解的。但家长朋友一定要有这样的意识:孩子的身心受到了伤害,自己必须做到冷静,才能帮助孩子。如果自己不冷静,会对孩子造成二次伤害。因此,家长要先过自己的心理关——接受孩子已经遇到了校园霸凌这个事实,冷静地面对,积极地处理,避免自己先急躁起来。

家长朋友要过的第二关:相信孩子能跨过这个坎儿。孩子在遭遇校园霸凌后,心理受挫,可能会出现心理问题甚至心理疾病,这时候家长一定要坚信孩子能战胜眼前的困境。这就是"正念"的力量。父母与子女心心相印,父母的焦躁会加重孩子的焦虑,父母的信心会给孩子信心和勇气。如果我们把孩子心理受挫或出现心理问题看作孩子生了一场病,坚信一定能治愈,就会对结果产生积极的作用。

过了这两关后,家长朋友要行动起来。

（1）给孩子充分的表达、宣泄情绪的机会。孩子被欺负后，不管是身体欺负，还是言语欺负，内心感受到的都是强烈的挫败感。但孩子可能分析不清楚自己的心情是怎样的。家长朋友要允许孩子自然地流露内心的情感。不要对孩子说"勇敢点儿，别哭""要像个男子汉"，这样说反而会积压孩子的负面情绪。在心理学中，有一条规则：先处理情，再解决事。如果情绪得不到宣泄，心理问题、关系问题很难得到根本的解决。

跟孩子谈起他（她）被欺负的经过是必要的，说出他们的经历，可以帮助他们了解发生的事情，并宣泄出隐藏的情绪。如果孩子在表达时断断续续，或者条理不清，顺序颠倒，家长朋友一定要耐心倾听。关注孩子的感受比挖掘事情的真相更重要。倾听的过程中，可以表达疑问，表示理解，但不要随意打断，不要轻易表达评判。如果不确定自己说的话会让孩子感觉好，就不如什么也别说。被欺负的孩子在言行上偏向退缩，家长的情绪化、打断或评判，都有可能让孩子变身"徐庶"，一言不发。

（2）陪伴孩子。在孩子生病的时候，我们是怎么做的？当然是陪伴、宽慰啊。我跟许多孩子聊天，包括跟朋友聊天，大家有一个惊人的相似之处：对小时候自己生病的时候，爸爸妈妈特意为自己做的饭记忆犹新、津津乐道。比如一个孩子说，小时候一生病，妈妈就给做鸡蛋羹，那是全世界最好吃的鸡蛋羹。现在，他胃口不好时，就会让妈妈

给他做鸡蛋羹。说起来，鸡蛋羹不是什么稀有的食物，生病时身体感觉还不好，为什么这个孩子对生病时吃到的鸡蛋羹感情这么深呢？其实让孩子的感受特别好的，是爸爸妈妈对自己的关注、厚待和陪伴！同理，孩子生病时家长朋友们怎么陪伴孩子，在孩子心理受伤时就怎么陪伴孩子，还可以更呵护，更厚待。要知道，陪伴是爸爸妈妈在行动上对孩子爱的表达。爱，是治愈一切心理问题的良药。

（3）用乐观、积极的态度影响孩子。当实施欺负的孩子与被欺负的孩子在一个班时，家长不妨这么做：先积极地跟班主任沟通，了解事情的真实经过。经过有效沟通后，请班主任约见实施欺负的孩子的家长。这个过程中，每个阶段可以跟孩子简明扼要地交流一次。孩子在看到父母积极作为的时候，既能感受到父母对自己的重视，又能看到父母处理问题的正确方法。这是具有正面作用的。

被欺负的孩子的家长通过班主任与实施欺负的孩子的家长沟通时，重点解决两方面的问题：一是处理身体所受的伤害。如果孩子的身体受到伤害，需要就医，双方共同制定合理的方案。二是澄清双方孩子的责任。实施欺负的孩子必须认识到欺负同学是侵犯他人权利、损害他人身心的行为，也要冷静地分析被欺负的孩子有没有责任。双方父母与班主任达成共识后，双方父母、班主任和双方孩子需要一起郑重地坐下来开个会，把事件的过程、学校与家长共同商榷的结果公布一下。

这个积极沟通的过程,可能会遇到各种各样的障碍,比如实施欺负的孩子的家长中有不配合、不露面的,家长们和班主任会谈时,有的家长态度不冷静,有的家长拒绝承担责任,等等。作为被欺负的孩子的家长,要明确处理这件事的最重要的目标:治疗孩子的心理问题,并预防对孩子造成二次伤害。对于受欺负的孩子而言,父母、家人的积极关注、积极处理,对孩子表现出理解、宽慰和爱,是最佳的治疗。而父母处理这件事时也一定要主次分明,冷静对待我们无能为力的别人的态度,把对孩子的心理抚慰和治疗放在第一位。

第四节　避免无意中成为实施霸凌的一方

我们先举一个例子。这个例子中主人公的遭遇,在小学还是有代表性的。

有一个小学四年级的高个女生G,不知是什么原因,她没什么人缘。在女生中,她没有朋友。因为她个子高坐在后排,后排的捣蛋鬼男生还爱欺负她。她时不时会拿来橡皮、小卡片等,当作小礼物送给同学,想来是非常想跟同学们成为好朋友。但在孩子中间,嫌弃这种态度好像会传染,同学们都躲着她,态度中还流露出对她的不屑一顾。有一次班里一个女生丢了一个新买的小塑料皮本,大家都

猜测是 G 偷的。课间,她不在教室,几个男生竟然把她的书包倒过来,里面的东西散落一地。那小本果然在。因为这件事,老师请她的家长来学校。来的家长是 G 的奶奶。原来,她的父母离异,她跟爷爷奶奶住,爸爸在外地工作,常不在家。她有时跟爷爷奶奶要钱买东西送给同学,爷爷奶奶拗不过,会给她钱。奶奶向老师求情,说她一定是因为好奇,一时糊涂拿了同学的东西,以后不会了。但从此,班里只要有同学说丢了东西,大家就会猜是她。后来,G 转学走了,没人知道她是因为在这个集体中受到排挤离开了,还是另有其他原因。

在这件事中,同学们并不是有意欺负 G,但事实上对 G 已经造成了校园霸凌的恶果。

记得在一节心理课上,心理老师先给孩子们讲了与同学相处中接纳、友善会让同学感到温暖、被支持,自信心、积极性也会高涨,而冷漠、排斥会让同学感到孤独、自卑甚至抑郁的心理学原理,然后指导大家做个小游戏。游戏规则是这样的:(1)孩子们围成一圈,中间站一个孩子;(2)第一轮时,中间的孩子走到其他孩子的面前,其他孩子不说话,只是轻轻推开他;(3)第二轮时,他走到其他孩子面前,其他孩子微笑着跟他握握手。游戏开始前,老师打预防针说:"在第一轮游戏中,中间的孩子会很难过。"孩子们觉得只是轻轻推推同学,不比平时男孩子们玩儿的游戏动作大,不会有老师说的那么严重。选站在中间的孩子时,老师提示:"要足够勇敢再举手哦!"孩子们很兴奋,有几个孩子自告奋勇做中间的孩子。开始游戏了。中间那个满面笑容的孩子走向一圈孩子中的一个,对面的孩子轻轻推开他。他满不在乎走向下一个孩子,被再次轻轻推开。三个,四个……孩子脸上的笑容慢慢淡了,没有了,变成有点尴尬,有点难过,走向其他孩子的步伐也慢下来,有些犹豫和不情愿。老师及时停止了第一轮游戏。温和地对中间的孩子说:"我们开始第二轮游戏吧。"孩子低着头慢吞吞地走向一个孩子,那个孩子微笑着握了握他的手,他抬起头,眼神里似乎有点不相信。他走向第二个孩子,对方还是微笑着握他的手,他的眼睛里有了一点亮光。跟第三个同学握手后,他笑了,眼睛里的亮光更浓了,也许,是泪光?他的脚步轻快了,走向第四个、第五个同学……当这个勇敢的孩子已经蹦蹦跳跳地走向周围的同学,脸上完全恢复了刚开始游戏时灿烂的笑容时,老师宣布游戏结束。在孩子们分享游戏中的感受时,一些孩子说:没想到仅仅是轻轻推开这个动作,会让同学那么难过,看到中间的同学脸上的表情,他们都不忍心做下去了。中间的同学说:"我以后一定友善地对待同学,被拒绝、被排斥的感觉太难受了!"

孩子进入小学后,归属感从家庭向同伴转移,从同伴中得到友谊、支持和尊重,成为他们必需的精神寄托。如果在同龄伙伴中被孤立,那将是他们受到的最大的精神创

伤。同伴交往有利于孩子自我概念的发展,并且帮他们形成社会交往能力。

平时,在生活中,家长朋友们可以抓住时机给孩子渗透一些跟同龄人友好相处的原则。比如:(1)"己所不欲,勿施于人",自己不想承受的痛苦,一定不要强加给别人。自己不愿被冷落、被孤立,就要想到别人也不愿如此。在与同学交往时,就要尽量避免有意或无意做出冷落、孤立同学的行为。(2)给予是一种幸福,剥夺会对别人造成痛苦,久而久之,自己也会因内疚而不快乐。对待别人,最简单又最可贵的给予就是颜施(给予微笑)、言施(多说鼓励和赞美的话)、心施(敞开心扉诚恳待人)、眼施(给予善意的眼光)、身施(以行动帮助别人)。而最不应该的就是冷落、孤立同学,剥夺同学的快乐,伤了同学的心。逐渐学着以"五施"待人的孩子,在跟同学相处中,朋友、欣赏者会越来越多,他(她)内心中的自信、乐观也会越来越多。这对于孩子来说,是多么可感的幸福。

这样的渗透,会避免孩子无意中造成校园霸凌的事实。

当然,简单的说教是远远不够的。家长朋友要在生活中发挥榜样作用,当家长做到了换位思考,"五施"待人,孩子很快就会学到爸爸妈妈的本领。

也许,有的家长有这样的担忧:我的孩子善待别人,别人能同样对待我的孩子吗?他(她)会不会吃亏呀?我也常常在观察：在一个集体中，哪些孩子不容易被欺凌。我发现那些开朗爱笑，友善待人的孩子几乎不会成为被欺凌的对象。所以，家长们要相信"授人玫瑰，手有余香"是真实存在的真理，尤其是在孩子单纯的世界里。综上所述，善待他人，结果是双赢；不善待他人，后果是害人害己。

第三章　校园霸凌现象在初中

第一节　初中阶段孩子的心理发展

在心理学中,把十一二岁到十四五岁这段时间称作青春期,青春期的孩子正处在初中阶段。这个阶段是孩子身体发展的一个加速期。青春期的少年因为身体的迅速发育和心理发展相对平稳造成了身心发展的种种矛盾,这使他们面临着一系列的心理危机。青春期孩子的心理活动往往处于矛盾状态,心理呈现半成熟、半幼稚性,具体表现为:

(1)反抗性与依赖性。青春期的孩子一方面产生了强烈的独立意识,从穿衣戴帽到对人对事的看法,不愿听取父母、教师及其他成人的意见,表现出反抗性;另一方面内心并没有摆脱对父母的依赖,希望从父母那里得到精神上的理解、支持和保护。(2)闭锁性与开放性。进入青春期的少年渐渐将内心封闭起来,对外界有了不信任和不满意;与此同时,他们又感到非常孤独和寂寞,希望有人来关心和理解他们,他们不断地寻找朋友,一旦找到,就会推心置腹,毫不保留,表现出明显的开放性。(3)勇敢与怯懦。在某些情况下,青春期的少年似乎很勇敢,虽然这时的勇敢带有莽撞和冒失的成分;但在另外一些情况下,这些少年又表现得比较怯懦,例如在公众场合羞涩寡言,不够坦然和从容。(4)高傲与自卑。由于青春期的少年尚不能确切地评价和认识自己的智力潜能和性格特征,很难对自己做出一个全面而恰当的评价,而是凭借一时的感觉对自己轻下结论。有几次甚至是一次偶然的成功,他们就认为自己是一个非常优秀的人才,于是沾沾自喜;遇到几次偶然的失利,他们就认为自己无能透顶,因而极度自卑。(5)否定童年与眷恋童年。青春期的少年,成人意识逐渐明显,认为自己的一切行为都应该与幼小的儿童区分开来。他们力图从各个方面对自己的童年加以否定,从兴趣爱好到人际交往方式,再到对问题的看法,他们都想抹去过去的痕迹,期望以一种全新的姿态出现于生活的各个方面。但同时,他们的内心又留有几分对自己童年的眷恋。他们留恋童年时那种无忧无虑的心态,留恋童年时那种简单明了的行为方式及宣泄情绪的方法,尤其当他们在各种新的生活和学习任务面前感到惶惑的时候,特别希望能像小时候一样,得到父母的关照。

这样一个具有动荡性和矛盾性的阶段,被称作一个孩子成长的"关键时期""黄金时期"以及"危险时期"。现在,许多家长谈"青春期"色变,如临大敌的状态反而使自己与孩子的关系高度紧张。其实,事事都扣上"青春期"的帽子,反而给了孩子一个堂而皇之犯错甚至犯错不改的理由,也让很多家长遇到问题时一筹莫展。作为家长,当我们了解了青春期孩子的心理特点后,一定要明确一点:青春期孩子的心理具有动荡性和矛盾性是非常正常的,它是孩子成长的表现,它意味着孩子越来越趋于成熟,这是可喜的。我们一定要从积极的角度看待这个时期。

了解青春期孩子的心理特点,家长可以更好地与孩子建立和谐的亲子关系,遇到孩子的一些问题,也能够正确理解、妥善解决。更重要的是,能与孩子建立同盟关系,帮助孩子进行心理建设。

第二节　如何进行初中生的心理建设

初中阶段的孩子,因为处于一个具有动荡性和矛盾性的阶段,心理建设方面比小学阶段更需要智慧和方法。针对这个阶段孩子的心理特点,我们要特别注重从以下几个方面进行心理建设。

第一,让孩子有适当的情绪宣泄。

初中阶段的孩子处于"心理断乳期"。还记得孩子在一岁左右断奶时的表现吗？一个吃奶的婴儿，因为要断掉依赖了一年左右的母乳，常会出现哭闹、烦躁、睡眠不稳等现象。一个初中阶段的孩子，经历"心理断乳期"，也一定会有一个相对情绪化的过程。在我们一代代传承下来的育儿经验中，几乎看不到应对孩子情绪变化的策略。我们的父辈对我们，就经常用"男儿有泪不轻弹""不要喜怒皆形于色"教育我们，所以在父母的思想中，表达情绪是不光荣的，是弱者的专利。

其实，不管孩子还是大人，有情绪是正常的，情绪变化更不是可耻的事情。情绪如流动的水，不可堵，只可导。当情绪来临时，敏锐地觉察它，及时地疏导它，才能成为情绪的主人。青春期的男孩子容易烦躁，而女孩子容易流泪。智慧的家长，一定要允许男孩子偶尔烦躁，允许女孩子哭。

在我的学生中，有一个女生三次跟不同的同学打架。这个女生是大家眼里的好学生：中队长，英语课代表，学习成绩在班级前五，见到老师主动行礼、打招呼。唯一有点违和的是：她在班级中人缘并不好。在她第三次跟同学打起来之后，我以请她帮忙为由，请她到办公室来。我让她坐下来，她礼貌地微笑，神情略有一点紧张。我先肯定了她的班干部工作：积极组织中队会，帮英语老师布置作业……同时，我提出了我的疑问："是什么原因，让你人缘

不好？我看到在你留作业时,有些同学冷言冷语的。"她很坦然地回答:"没啥,习惯了就好了。"我又问她:"你在老师眼里,是优秀生、班干部,怎么会一再跟同学打起来呢?"我猜测她可能会列举对方的言行,表明自己打架是出于管理同学时对方犯了错误。没想到,她说:"是我的错,我太冲动了,我平时太易怒。"突然,她哽咽起来,眼泪悄悄滑落。她几乎说两三个字就抽噎一下,给我的感觉是她在努力让自己不要哭出来,但实在克制不了。于是她就连续地抽噎,断断断续地说话。她还不时地自言自语说:"怎么了这是,这有啥呢,哭啥呢!"我轻柔地对她说:"没关系,我们可以哭,我们需要哭。哭是对情绪的宣泄和疏导,有很好的治疗作用呢。"她有点诧异地看着我,断断断续地说:"说实话,我妈就不让我哭。"我静静地看着她,听她断断续续杂七杂八地诉说着,毫无逻辑,也无重点。她说自己的妈妈是个女强人,工作上力求完美,但性格很暴躁。她从没见过母亲哭,而她哭时,母亲或者责备她忤逆,或者说她娇气,或者指责她不懂得体谅劳累了一天的家长。所以,她习惯了想哭的时候忍着。我问她:"你觉得你总忍着不哭,跟你平时易怒有关系吗?"她说:"应该是有的,难过时不哭,情绪还是没消失,会淤积在心里吧,这样,会更容易被一点小事激起情绪的波动。"

的确,情绪如河流,需要有出口。如果我们用成年人的要求去要求孩子,培养他们喜怒不形于色,对孩子,也许留下的是"内伤"。

第二,与孩子变换多种方式交流。初中生对家长的态度是既有反抗性又有依赖性。反抗性表现在从穿衣戴帽之类的小事,到对人对事的看法,都不愿听取家长的意见,这些表现比较明显;依赖性表现在希望从父母那里得到精神上的理解、支持和保护,这些表现比较隐蔽。比起小学阶段孩子对父母唯命是从的状态,家长朋友可能不适应孩子的改变。这时,家长朋友首先要有意识上的转变,明白孩子的反抗是成长、"断乳"的需要,明白孩子的内心是渴望父母的理解、支持和保护的。理解和接纳了孩子的改变后,我们就要变换方式跟孩子达成交流了。

比如,参与孩子的业余爱好。

我的一个学生初中时爱看 NBA,爱听林俊杰的歌,爱跑酷。在周末 NBA 有重要赛事时,他的妈妈会放下家务坐在他身边跟他一起看,时不时问一些不专业的问题,他虽然偶尔会嘲笑妈妈的不专业,但还是做起了第二解说员。妈妈出差时,总不忘给他买林俊杰的新专辑,妈妈说起流行乐坛的事也是如数家珍。在他学习之余听歌时,妈妈会跟他聊音乐,还会学唱几句林俊杰的歌。他假期参加跑酷训练,说什么也不让妈妈看他训练,妈妈就尊重他的意愿,在家做好饭等他回来。在这样的交流下,他跟妈妈几乎像朋友一样相处,对自己跟同学交往的困惑、一时冲动的想法,都第一时间向妈妈倾诉。于是妈妈充当了他的心理疏

导员,他的心理成长得健康、充满正能量。

再比如,给孩子写信。

我们初中的语文课本里有一些课文是信的形式,比如苏霍姆林斯基的《给女儿的信》,跟 14 岁的女儿谈什么是爱情;比如傅雷的《傅雷家书两则》,是写给儿子的信,跟儿子谈论如何面对低谷和成功。建议爸爸妈妈们跟孩子一起读一读这两篇文章。我再给家长们推荐两位作家的作品:刘墉写给儿子的书信集《超越自己》《创造自己》《肯定自己》,龙应台与儿子的书信集《亲爱的安德烈》。这些作者,不管是教育家、翻译家还是作家,跟我们一样会遇到跟子女沟通时的困惑。他们不约而同地采用了写信的形式。这些信,使许许多多面临亲子隔阂与冲突的家长读后获益良多,也给了我们一个启示:跟孩子除了语言交流外,书信交流也是一种非常可行的方法。

当学到苏霍姆林斯基写给女儿的信和傅雷写给儿子的信的这个单元时,我通常会问问学生:"你们的爸爸妈妈跟你们进行书信交流吗?"孩子们有的摇头,有的说:"天天见面的同学为什么还要写信?"有的笑着说:"老师短信算吗?"我抓住时机问:"天天见面,为什么要短信交流呢?"在孩子们思考的时候,我又问他们:"这些大教育家、翻译家、作家,用书信的方式跟孩子交流,同学们有没有发现有什么好处?"孩子们七嘴八舌地说:可以跟孩子谈一些敏感话题,面对面说不好意思;可以深思熟虑,避免琐碎和重点不突出;内容充实,更令孩子信服;条理清晰,不会东一榔头西一棒子;语气平和,不会跟孩子吵起来;孩子可以反复阅读,真正明白爸爸妈妈的用心良苦……对啊!这是多么好的交流方式啊!于是我回到最初的那个问题:"你的爸爸妈妈为什么不给你写信呢?"孩子们又七嘴八舌地说:太忙了!懒得写字!怕写不好让我们笑话……我放慢速度问他们:"如果爸爸妈妈真的给你们写信了,你们会笑话他们写得不好吗?"孩子们安静了几秒钟,摇着头大声说:"不会!"在他们的眼里,我看到了期待。所以,当家长朋友们遇到敏感话题、想充分表达一个观点或与孩子有了矛盾时,不妨尝试跟孩子进行书信交流。不要担心有没有文采,孩子的心都是透明的,他们会敏锐地察觉你的文字是不是尊重他(她)、是不是坦诚,而不会关心有没有文采。

在这里,给家长朋友们推荐几部书——《爱的教育》(亚米契斯著),《傅雷家书》(傅雷著),《亲爱的安德烈》(龙应台著),《超越自己》《创造自己》《肯定自己》(刘墉著)。这几本书都是写给子女的信。

以下引用刘墉的《肯定自己》中的一封信,信中谈到街头的霸凌行为,我们一起看看作家刘墉怎么跟孩子交流遇到霸凌行为时的应对方法。

少看一眼

昨天下午,我的秘书差点被人打瞎了眼睛,送医院的

途中,她的左眼已经完全看不见了,鲜血从长达五厘米的伤口不断涌出,我无法为她止血,因为那伤口就在眼睛与眉毛之间,深达半厘米如同被刀切开的裂口,像是张着吐血的嘴。

医生为她缝合的时候说:"好险哪!算你走运,再低一点点,你的左眼就永远看不见了!"

我跟着赶去派出所,逞凶的人正在接受问话,他的妻子跟在身边,当他们知道伤得多么重时,似乎也有些惊愕。而当我问他为何那么冲动时,他的太太说:"他有时候一生气就没办法控制,大概是你的秘书小姐说话激怒了他!"

我又随警察回到了医院,秘书在接受询问笔录时,说他们双方都骑摩托车,只是有个小擦撞,她说了对方两句,居然就被打破了车子后视镜,而当她再斥责对方时,则挨了这狠狠的一拳。

"我看他载了老婆,想他一定不会动粗。"秘书说,"他要是一个人,我就不敢多说了,岂知……"

岂知居然就挨了拳,而且因为眼镜破裂,造成那样大的伤害,虽不致瞎,疤痕却难免了!

今天早上,当我对朋友述说这件事时,朋友也讲出他最近的遭遇:

"某日我开车在南京东路上,横着窜出一辆机车,吓我一跳,要不是反应快,只怕就撞上了,我斜过脸看了那骑机车的一眼,要知道,只是'看一眼'哟!那小子居然转了个弯，追上来，掏出一把刀子，在我车上狠狠划了两道。"朋友直摸胸口，"真是好险啊！幸亏是大白天，否则只怕就不是划在车上，而是脸上了！"

请不要怨台湾今天的暴戾之气，这种因为"看一眼"，就招来杀身之祸的事，古今中外简直太多了。你的小姨夫到纽约第一天乘地铁，不就是因为撞了黑人，又斜斜看对方一眼，而被打裂嘴角，缝了好几针吗？

我更记得小时候，你祖母总是叮嘱我，遇到小太保，不要看他们，连一眼也不要看。

"你斜着眼看，如果感觉上是鄙视，他当然要打你；你偷偷看，如果感觉是怯懦，他则可能借机会欺侮你；至于正眼看他，感觉无所畏惧，他也可能认为你多管闲事。"你的祖母说："愈是这种不良分子，愈自卑，也愈敏感，你只当他是不正常的人，何必去逞英雄，吃眼前亏呢？"

至于古时候，这种人也不少啊！羞辱韩信，叫他从胯下爬过的，就是市井小流氓。《史记·荆轲列传》更记载有个叫秦舞阳的年轻人"年十三杀人，人不敢忤视"。

什么是"忤视"？

只要秦舞阳觉得你的眼神"不顺眼"，就算"忤视"！这与现在的流氓太保不是一样吗？

但往下想，韩信成为历史上的名将。秦舞阳却成了历史上的"名丑"，当他走进秦始皇的宫殿时，竟然吓得脸色大变，浑身发抖。

61

如此说来,逞一时口舌之快,意气之勇,又有什么好处?又算是哪门子英雄?

遇到不讲理的人,除非你有绝对强过他的实力,或拥有正义的群众做后盾,就忍一步吧!

"山不转,路转!"山多么强,还是被人征服了,因为人们知道怎么让路转过去。

"山不转,路转!"今天你忍辱吃了亏,只要抓住正义的力量,总有再碰上他的一天!

第三,与孩子共同寻找他的"重要他人",或者叫"魅力成人"。每个孩子的成长,都不是一个人、一个家庭的事。想想看,一个孩子成长的道路上,会有多少人的支持?看过《哈利·波特》的人一定记得:当哈利·波特与伏地魔决战时,哈利的魔法根本不是伏地魔的对手。在哈利·波特濒临绝境时,他的身后出现了他的爸爸詹姆、妈妈莉莉、小天狼星、卢平等等一些已经故去的人的幻象,他们给予哈利·波特能量,令他最终战胜了伏地魔。这个故事虽然是魔幻类故事,但它的确揭示出这么一个道理:每个人都有一个支持系统,每个人都不是孤军作战,我们的能量来自许许多多爱我们、支持我们的人。孩子到了初中,他们开始经历渴望独立、对家长时常表现出叛逆的过程,我们要告诉孩子:寻找在成长中能成为他(她)的榜样,在困惑时能给他(她)指引的"重要他人",或者叫"魅力成人"。其实,孩子的"魅力成人"首先是他(她)的父母,但他(她)还需要更多层次的榜样和指导。很多孩子会以他（她）的长辈、老师等人作为自己的"魅力成人"。他们会敬重、欣赏他们，以他们为自己的榜样，有困惑会找他们倾诉或寻求帮助。在《哈利·波特》中，主人公哈利·波特在成长过程中，就有好几个"魅力成人"的引领与陪伴，比如邓布利多、小天狼星等。

举几个成人中的例子吧。在曾经热映的电视剧《我的前半生》中，唐晶的"重要他人"就是贺涵。在唐晶初入职场时，贺涵言传身教，教给她在职场打拼的技能，把她培养成精明、干练的业界精英。贺涵的为人处事更影响了唐晶，她因为相似的眼光、果断和理性，被誉为业界的另一个贺涵。在前一段时间热映的电视剧《那年花开月正圆》中，周莹从天天以欺骗为生的江湖卖艺的女子，成长为吴家大当家，也是源于她遇到了生命中两位可贵的"重要他人"——吴聘和吴蔚文。吴蔚文在接受了吴聘的建议，同意周莹进吴家的学徒房学习做生意时，第一件事就是让她给关老爷的画像磕头，并且告诉她吴家做生意成功的秘诀是两个字——"诚"和"信"。此后周莹经营吴家的生意时恪守这两个字，终于克服重重磨难，把吴家的生意发扬光大。

其实，我们每个人都需要"智者"的引领。而孩子的可塑性更强，"重要他人""魅力成人"对他们的影响很大，甚至影响他们的一生。尤其在初中阶段，孩子的身心发展速

度很快,成长的迷茫与困惑非常多,他们比以往更需要智者的点拨和示范。

几年前,我的班里有一个男生 Y,少数民族,有一个姐姐。Y 瘦瘦的,身材是典型的"竹竿"型。因为他出生时父母年龄已经偏大了,对他难免有些娇惯。好在父亲在教育孩子方面很理性。Y 上初中后,父亲就教育他:学习上、成长中遇到任何问题,都要随时向能给他指导的老师请教。从此,他成了我的"小尾巴"。Y 入校时,成绩在年级一千名之后,尤其语文成绩很差。他下了课就找我问问题,而他的问题常常匪夷所思到令人啼笑皆非。我想:鲁迅先生在三味书屋读书时,也曾因问老师"'怪哉'这虫是怎么一回事"惹老师生气。因此我就把他的怪问题理解为孩子的思维活跃。我时常表扬他有问题就问,从不把疑问攒着。尽管如此,他的语文成绩一直不理想。不过,渐渐的,我发现他在学数学时思维敏捷,就引导他在学习数理化时走在别的同学前面。他的成绩逐渐提高,到了初三,已经跻身全年级前三百名的行列了。因为他的勤学好问,同学也渐渐原谅了他的不爱参加男孩子们的体育运动和话多等毛病,而且他在同学中越来越有威望,从"白丁一枚",成了组长、课代表,入了团,后来还晋升为学习委员。到初中毕业时,他以全年级前一百名的好成绩考入了全市重点高中。

这个孩子的成长虽然是个个例,但他的父亲对他的引导很睿智,借助了孩子周围的"魅力成人",对孩子起到了积极的作用。这颇值得我们借鉴。后来，Y上了高中、大学，他在每一个阶段都主动给自己寻找一个"魅力成人"。他放假来看我时，都要向我汇报他的发现与提升。看到他灿烂的笑容，自信满满的表情，我真心感到欣慰。他对陌生的环境似乎从不胆怯，因为他笃定地认为：那里，一定有能够指引他的智者。

作为父母，我们不可能永远做孩子的保护伞。与其担心孩子将来能否独立面对生活，是否会被人欺负，不如睿智地引导他们发现和跟随"魅力成人"。这样，不仅多了一股力量引导孩子，对孩子来说，他也是"魅力成人"的"重要他人"，他的世界会更宽广，他的内心也会更充实、更自信。

第三节　当男孩子遇到校园霸凌

我们先来看一个曾在初中遭受校园霸凌的男性的回忆：

因为初中短暂当班干部，得罪了班上的霸王同学们，结果（他们）要打我。

我分析了战况，他们是一群人，我是一个人。因为我在班上最好的同学是乖乖学生，小学最好的朋友就读于另外一所中学。所以，我是一个人打一群人。他们看上去只有七个人，实际上在全年级可以叫到几十人，而且那些孩子都是无法无天的。我看过他们打别人的恐怖场景，所以

我怕。

　　某个晚自习，他们递给我一张纸条，大概意思是让我把人准备好，星期五放学在校门口打群架。

　　对父母，我是报喜不报忧。对老师，我不敢完全信任，因为我们老师也有点懦弱，我怕报告给了老师之后，老师无法妥善解决，毕竟对方太猖狂。对朋友，我不想拖累他们为我受苦，毕竟是我的原因而起，不想（他们因）"江湖义气"为我拼命。

　　回到家睡不着，紧张害怕包裹着我。那一夜，彻底失眠。思来想去，我决定一大早去公安局报案。因为我常去公安局家属区的篮球场打球，周末的时候，遇到过警察一起打球，跟他们交流过，如果在学校被欺负了，怎么办？他们说来报警吧，他们可以处理。我选择相信了警察。警察确实把事情处理得很好，我没有受到那帮人的身体上的欺负。但是接下来等着我的，是无尽的嘲讽。

　　在校园文化里，"怂"是要被歧视的。有人找我约架，我没应约，我报警了，我是被嘲讽歧视的对象。前段时间不是有个很火的回答"有哪些很 low（低级）的校园文化"吗？在校园里约架不敢应架，反而遭到鄙视，就是很 low（低级）的校园文化。

　　别说在中学校园遭到歧视，在网络上，我第一次写出这个故事的时候，还是遭到了很多用户的嘲讽。"怎么那么怂啊？"各种谩骂，纷至沓来。我删了那些人的评论，免得涨眼睛。当时嘲笑我最多的,是我们班以及年级上的女孩子。她们崇尚英雄主义,认为我是个"怂蛋"。因为怕别人说我怂,我开始有了自卑情绪,走路的时候,也会不自主猜想那些女孩子是不是在嘲笑我。

我的心理也是有变化的,最极端的时候,我想过去结交社会上的大哥,想要他们在学校里帮我打一次群架,帮我打出威风,打出霸气,打得那些人再也不敢嘲笑我! 还好我及时刹车,不然我可能初中就失去了上学的机会,也有可能蹲了好几次监狱了。

从那次报警解决校园暴力事件之后,我更加坚定了原则,也不再害怕别人看我的眼光了。后来也认识了一些被校园暴力侵害的同学,他们的心理跟我当年很像。青春期嘛,谁还不有点自尊心么,害怕别人说自己不行。我告诉他们,校园暴力的解决途径,很悲哀,只有这几种:

1. 你也约人,跟他们对打(不过大多数被欺负的,都约不到人)。2. 认怂,认"大哥"(有的人接受你认怂,不欺负你;有的人,即使你认怂,也要打你)。你们记住吧,不管你怎么认怂,有人要打你的时候,就是要打你,不管你干什么,不打你,他消灭不了那口气。这根本不是你的错。3. 家长和老师介入解决。如果有强势的家长和负责任的老师还好,如果遇到家长无能为力的,真的很悲哀,结局还是被打。有的校园暴力施暴者甚至连家长一起打,你让这些受欺负的学生怎么办?

斗争,讲究的是策略,多看看伟人的书,上面讲了很多办法,也许可以找到你的出路。不要一味听信网上的人告诉你拿把刀跟施暴者对捅,因为给你瞎指挥的人,不会代替你去坐牢。也不要一味委曲求全,最好的方式,永远是从实际出发。分析战况,总结趋势,全面拿捏战术,这才是被害者的斗争方式。

尽最大努力地寻求最广泛的支持者,有了更多的人支持,你才不会被踩躏。你们可以观察到,受到校园暴力欺负的人,一般情况下是很孤僻的,没有几个朋友。这也是施暴者为什么敢肆意妄为的核心原因之一。

近年来,由于互联网的普及,很多热心的网友解救了诸多的校园暴力受害者,在此向他们说一声由衷的感谢。要不是这些网友的关注和帮助,很多受害者是出不来的。不过由于很多地方的信息闭塞,有些受害者,永远无法寻求外界的支持。

我很关注校园暴力,核心原因之一是我曾经也是校园暴力的受害者。只是我比较幸运,在当时找到了最合适的一种斗争方式。虽然留给我很多年的心理阴影(主要来自于女同学背后的闲话和嘲笑),但是通过这些年的成长,我已经不在乎别人说什么了,也跟那些人全部断了联系。

如果当时我也叫其他朋友跟他们打架,说不定我的朋友被捅伤了。如果当时我告诉我的父亲母亲,他们会为我担心很久很久,为我的安全提心吊胆(现在想想,还是应该告诉监护人一声）。如果当时我选择默不作声，那个星期五，我可能会被二三十个人打得稀巴烂。

我很庆幸那一夜的挣扎，我知道报警的后果是被学校里面的人看不起，不过相对于其他的后果，这股看不起，还是要轻很多。也许今天，他们依旧看不起我当年的报警行为，不过我的生活，不需要他们那些人看得起，看得起我又如何？

不管怎么说，通过那次斗争，我再次认识到了人性的复杂，积累了斗争的经验，对于今日的我来说，也算是一笔宝贵的财富吧。从来都没有什么救世主，只看你能不能找到更多的更有效的帮助你的人。希望受害者勇敢一些，你今日的沉默和不抵抗，换来的不是他们的包容，只能是变本加厉。有些受害者，因为害怕暴力的伤痛，转变成了后来的施暴者，也是值得我们深思的现象。

案例中的男生，因为被威胁要挨打，对自己的情况进行了分析，理智地选择了报警。可是却在躲避了被群殴的悲惨状况后，受到了同学们的冷暴力。这次遭遇，在多年以后，仍然噬咬着他的心。

我们再来看一看这则新闻：

近几年，各地校园暴力事件频频被曝光，数量逐年增加，且暴力情节越来越严重。据《法制日报》报道，中国青少年研究中心一项针对 10 个省市 5864 名中小学生的调查显示：32.5% 的人偶尔被欺负，6.1% 的人经常被高年级的

同学欺负。而法制网舆情监测中心的数据显示,在2015年1月至5月媒体曝光的40多起校园暴力事件中,75%的校园暴力事件发生在中学生之间,其中初中生更易成为发生校园暴力的群体,比例高达42.5%,高中生次之,占比32.5%。此外,同性别之间发生暴力冲突的情况较多,男生之间的暴力和女生之间的暴力占比总计85%,其中男生之间的暴力行为占比达52.5%。报告还指出,与男生之间"硬碰硬"的冲突方式不同,女生之间的暴力多表现在侮辱性、逼迫性行为上,对受暴方造成的心理创伤异常突出。

中学生正处于叛逆期,心智未完全成熟,对行为产生的危害后果并没有明确的认知,对于情绪和矛盾往往采用不恰当甚至极端的方式处理。北京市高级人民法院的一份调研报告显示,68%的校园暴力犯罪案件中,加害人大多手持棍棒、砖头甚至管制刀具等凶器,对受害学生不分部位、不计后果地进行攻击,死伤后果严重。其中,近六成校园暴力是因日常琐事而引起。

谈到校园暴力事件的起因,法制网舆情监测中心的结果显示,"日常摩擦"为起因的校园暴力事件居首,占比55.0%;"钱财纠纷"次之,占比17.5%;"情感纠葛"居第三位,占比15.0%;另有7.5%的暴力事件是由"偏激心理"引发,带有很强的青春期特征。例如之前曾发生一起初中生以别人"长得丑"为由打同学的事件。

令人痛心的是,不少中学生在遭受校园暴力、校园霸凌后,只是选择沉默,而不是寻求帮助或找到解决方法。据《现代教育报》中,中华女子学院发布的《初中生校园欺凌现象研究》显示:遭遇欺凌后,不曾选择求助的学生占比近五成(48.9%),52.6%的学生认为,遭遇欺凌而不报告的主要原因是"怕丢脸面,在同学中抬不起头"。青少年时期,自尊心的维护感非常强烈,加上思维不成熟,在成人并不在意的事情上,他们可能非常在意,这一定程度上使得他们在需要外界援助的时候,迫于"面子"而选择默默忍受。

作为家长,若孩子在学校遭受欺凌,如何及时察觉?

《中国教育报》给出建议,若孩子出现以下情况,很有可能是校园霸凌所致,家长应该要警惕起来:(1)不愿意上学了。平时按时上学的孩子出现无端逃学、装病请假等现象。(2)个人物品丢失或者损坏。孩子的衣服、文具等个人物品经常有破损。(3)身体伤痕。孩子身体无缘无故出现瘀伤、抓伤等人为伤痕。(4)孩子出现失眠、噩梦、尿床等睡眠问题或者情绪沮丧、沉默寡言。(5)上厕所习惯改变,例如非要回家才上厕所。学校厕所是校园霸凌频发的地点。(6)自尊心受挫。遭遇校园霸凌的孩子,性格上会更依赖家长,孤僻、怕生,且没有自信。(7)自我伤害倾向。遭遇校园霸凌的孩子很可能会出现自我伤害或自虐的倾向。

男孩子遇到校园霸凌时,虽然性格各异,表现各异,不

过初中正是孩子自我意识觉醒的时期,多数男生出于爱面子,并不愿告诉家长。这样,可能会导致男生承受校园霸凌的时间长,对孩子的影响大。

　　曾经有一个初二的男生 F,长得人高马大的,但平时寡言少语。他性格腼腆,不爱跟班里一帮淘气的男生打篮球,那些淘气的男生一致认为他性格很"娘"。机缘巧合,在班里一次换座位时,班主任因为他纪律好,把他安排跟班里最霸道、不守纪律的男生"头儿"B 同桌。在两人同桌的这段时间里,霸道男生 B 总是以奚落、欺负他为乐趣,下了课领着一群男生围着他,突然就把他放倒在地,惹得大家一阵哄笑。有时男生们还把他的校服揪得乱七八糟,甚至用校服蒙住他的头,大家趁乱打他几下。等上课铃响起,周围的人散去,他也不知道是谁打了他。F 并没有告诉老师或家长,因为这些事在其他同学眼里,不过是同学之间开玩笑。但他其实越来越怕课间,不知道该怎么跟班里那一群男生相处。他跟家长偶尔提过想换座位,理由是 B 爱说话,影响他学习。妈妈跟班主任联系,班主任还说自从 B 跟 F 成为同桌,纪律好了很多,让 F 的妈妈鼓励他继续帮助 B。F 长得人高马大的,一直不好意思向父母张口说自己被欺负,只能一天天挨日子。有时早晨起来,他总说自己肚子疼,有时会迟到,有时干脆就请病假了。一来二去,本来就平平的成绩,更是掉得厉害。

　　有一段时间,F 的班主任请假。B 在班里变本加厉,无法无天起来。他把打火机偷偷带到学校,用火把圆规烤热,用圆规尖儿扎 F。F 的手都肿了。他带着伤回家,被妈妈看到,逼问之下,他才说出被 B 欺负的事情。F 的妈妈是个暴脾气,立刻以一封举报信告到教育局。教育局要求学校调查清楚事情。学校又问责班主任。班主任请假到期后,请来双方家长约谈。双方家长见面后,B 的家长愿意承担 F 的医药费,但坚持说只是孩子开玩笑过火,并不愿意再承担其他责任。F 的妈妈大吵大闹一番,也拿对方没有办法。双方家长见面过后,班主任给两个孩子调了座位。可是,此后 B 在班里依然霸道,F 在同学中似乎更加抬不起头来。B 有没有再欺负他,没有人知道,他再也没有跟任何人说起。不过,过了一个学期,F 转学了,说是要去学音乐。转学的原因,与他被欺负有没有关系,我们就不得而知了。

这件事,在形形色色的校园霸凌事件中,只是不值一提的小事一桩,但也很有代表性。在孩子成长的过程中,初中阶段在孩子的青春期内,的确是很特殊的一段时间。作为父母,我们切不可"以己度人",用我们思考问题和处理问题的方式去衡量或要求孩子。这个时期的孩子,处于自我意识发展的第二个飞跃期(第一个飞跃期在婴儿期)。进入青春期,由于生理发育的加速和性发育走向成熟,孩子们感到不适应,出现不平衡的感受及种种矛盾和困惑,体验着危机感。因此,孩子在这个阶段的感受是复杂的,我们一定要"换位思考",真正重视孩子的内心感受。

在刚才这个案例中,孩子在很长时间中都采取"不说"的态度,而从父母的角度,要反思以下几点:

(1)虽然孩子在班里被欺负后选择不说,但显然他的父母与孩子交流学校生活比较少。不然一定会发现蛛丝马迹的。

(2)当父母听说这件事时,第一时间做出的反应失当。既没有第一时间与老师作有效沟通,又忽略了孩子的感受。无形之中,与老师、实施欺凌的孩子的家长成为对立、冲突的三方。

(3)在班主任和双方父母进行面谈后,遭受欺凌的孩子的父母没有积极跟进疏导孩子的情绪,孩子依然处于被动接受现状的处境。

(4)实施欺凌的孩子的父母也缺乏积极应对的态度,孩子在这件事后,没有汲取教训。

当家长朋友发现孩子遭受了欺凌后,该如何应对呢?

第一,家长不论多么愤怒,都要第一时间冷静下来,要意识到在这件事中,孩子是受到伤害最大的,最需要抚慰、帮助的是自己的孩子。关爱孩子,尽力抚平对孩子的伤害,避免对孩子造成二次伤害是最重要的,重于所有其他的事情——比如发泄愤怒、惩罚对方、获得赔偿等等。

在得知孩子受欺凌后,非常多的父母立刻表现出愤怒,这是最要不得的。我们在小时候会有这样的经验:爸爸妈妈发火时,不论针对什么人什么事,我们如果在场,都

74

会有自己犯错、自己是让爸爸妈妈愤怒的对象的感受,那种感受非常难过。其实,在受欺凌的孩子的父母发火时,也的确有对自己的无力感和对孩子竟然是弱小可欺的角色的愤怒感。而这种感觉,孩子会敏锐地察觉,并且因此受到二次伤害。

请先对孩子表达关注。心平气和地跟孩子聊聊,在孩子愿意的前提下,引导孩子说说事情的原委,重点关注孩子在受到欺凌后的感受,和孩子对这件事的看法。比如,他认为自己被欺负,是因为对方的霸道不讲理,还是自己性格不合群。这样做,是在帮孩子梳理思绪,当孩子身处受欺凌等过程中时,内心往往会倾向于逃避理性的思考,持续一段时间后,只是陷于痛苦的感受中,被动忍耐。家长可以在孩子的表述过程中帮孩子梳理思绪,并从中发现孩子是怎么看待这件事的,以及他内心受伤害的程度。

第二,家长跟孩子客观地进行分析,告诉他这件事中,实施欺凌的孩子犯了错,而他在对方的错误行为中受到了伤害,爸爸妈妈很心疼他。如果孩子能哭,是良好的情绪宣泄,别说"男孩子要坚强,不要哭"之类的话,拍拍孩子的肩膀,抱抱孩子,让孩子的情绪自然地表达出来。长时间的痛苦,孩子咬着牙忍耐,积压了很多负面情绪!不怕孩子哭,就怕他不哭、不表达。

对男孩子,爸爸要主动跟孩子交流。如果爸爸上学期间遇到过校园霸凌,就跟孩子客观地说说当时的情况。现

身说法地告诉孩子:很多孩子会遇到被欺凌的情况,就像动物的世界中,总有角逐和争斗。从被欺凌的一方来看这件事,告诉孩子:(1)被欺凌是暂时的,会过去的。(2)被欺凌是在孩子众多圈子中一个小圈子的范围中,每个人的生活都有许多圈子,不必一叶障目,而忽略了其他许许多多有爱的圈子。(3)被欺凌只是在一个层面,孩子之间的竞争和成长,表现在方方面面,而且力量的不均衡会不停变化。现在你的身体可能不如欺负人的孩子强壮,但你的努力、勤奋、向上等等都可以帮助你最终超越他(他们)。在不断成长的过程中,你会越来越强壮,会越来越优秀,会有越来越多的朋友,很快,就会摆脱被欺负的困境。那么,怎么去认识欺负别人的一方呢?告诉孩子:欺负别人的孩子,性格中往往有更多不和谐的因素,这些因素有可能因为家庭的不和谐,有可能因为性格发展中的偏激,他们虽然欺负了别人,但他们的内心并不快乐。从发展的角度看,没有一个人是绝对的"常胜将军",有暴力倾向的孩子也有可能会遇到更暴力的对手。

在跟孩子交流的过程中,一定要平和、冷静。家长面对问题的状态,是孩子的榜样。家长的愤怒、情绪化,往往透露出潜在的"无能"与"无力感",对孩子只会产生满满的负面影响。不管是说到孩子目前面临的困境,还是分析霸凌现象,家长都不要使用过激的词汇,不要表现情绪化的状态。家长态度越冷静,孩子的情绪越容易平静下来。

第三,及时联系孩子的班主任,对霸凌事件的细节做充分的了解。对初中阶段的孩子来说,学校是仅次于家的重要场所,班主任是仅次于家长的重要成人。不论班主任是什么性格,什么教育风格,他(她)都不会希望学生面临安全隐患。家长一定要对班主任报以最大的信任,孩子陷于困境时,班主任及所有老师,与家长的立场是一样的,希望孩子顺利度过困境。家长一定不要戴着有色眼镜审视、怀疑班主任,不要被情绪冲昏头脑,把班主任置于对立面。班主任与孩子们朝夕相处,对孩子们的了解很全面。如果霸凌事件的双方在一个班,由班主任来了解事情的细节会最全面、真实,对双方孩子最公平。班主任与家长唯一不同的一点是:他(她)会考虑双方的情况,而家长只是站在自己孩子的角度。

在班主任了解事情的具体情况后,家长要积极与班主任交流,共同商讨公平的解决方案。校园霸凌事件对于学校、班级来说,是大事。从班主任到校领导,再到当地教育局相关部门、领导,乃至国家各级领导,都非常重视。家长一定要认识到,这些力量,都是我们的同盟军,所有力量联手才会最大程度解决这件事。但同时,我们也要认识到:因为实施欺凌的是未成年人,所以解决这件事会有特殊性,不能以惩罚对方为目标。我们看到:在许多校园霸凌事件中,家长与学校成为对立的两面,闹得不可开交。冷静下来想想,造成这种局面主要是家长完全站在自己一

方,一旦不能按自己的期望惩戒对方,就要向学校施压。这是不理智也不可取的,是不是跟一些"医闹"很相似? 当形成这个尴尬的局面后,谁是受益者呢? 似乎,"三败俱伤"了吧!

如果家长朋友能与学校联手,积极解决霸凌事件,首先,能给孩子做出良好的榜样——遇到问题,不逃避,正面解决。其次,对实施欺凌的一方有震慑作用。我们在解决霸凌事件时,遇到过各种各样的家长。实施欺凌的一方主动承担责任的少,有护短不承担责任的、有前后说法不一"打游击战"的、有对于出医疗费用的要求无限期拖欠的……形形色色。不过,在学校郑重处理事件后,实施欺凌的孩子一定会收敛很多。他会意识到自己的行为对别人造成了伤害,而自己要为自己的错误行为负责,父母要为此"买单"。这就是非常积极的效果。

第四,在班主任协同家长处理了霸凌事件后,家长要把目光重新定位于改善孩子的心理状况。每个孩子都是独特的一个,我们的建议不会是"包治百病"的。孩子受挫后,能不能恢复心理状态的健康,用什么方法,需要多长时间……因人而异。作为父母,要坚信爱是最有效的药方,也要做好"打持久战"的准备。

我学习心理学很多年了,最终定位在学习积极心理学。世界公认的"积极心理学之父"马丁·塞利格曼1998年当选美国心理协会主席,他在就职致辞中说:"心理学自弗洛伊德以来始终关注的是人类病态阴郁心理的探究,心理学家们热衷于把心理状态-8的人提高到-2,而我的目标是把心理状态+2的人提升到+6。"这句话形象地诠释了积极心理学的本质。我建议每个家长都学习一点积极心理学。也许有的家长会问:孩子出现问题了,才开始学习心理学,不晚吗?那么我要告诉你:如果十年前是做一件事最好的时间,那么现在就是第二好的时间。而对于心理学这门实践性非常强的学科来说,更是什么时候开始都不晚。

下面我就从心理学角度,教家长朋友们一些培养孩子乐观的品质的方法。

(1)乐观的父母更容易教养出乐观的子女。

孩子的悲观并非与生俱来,也不是直接从现实生活中得来的。孩子从父母、教师以及大众那里学到它,然后再传递给其他孩子。据马丁·塞利格曼的研究,悲观者更容易感到抑郁,他们在学校、工作及球场上所获得的成绩都低于其具有的潜在能力,他们的身体健康状况也不如乐观者。而令人振奋的消息是:孩子可以在你的协助之下习得乐观。

乐观的基础不在于励志性词句或是胜利的想象,而在于我们对原因的看法。我们都有对于原因的习惯性看法,马丁·塞利格曼称之为"解释风格"。解释风格从儿时开始发展,如果未经干预,就会保持一辈子。孩子的解释风

格是不是乐观,有三个维度需要考虑:永久性、普遍性和个人化。当家长朋友批评孩子或当着孩子的面批评自己时,必须十分谨慎,因为你在塑造孩子的解释风格。你要遵循两条规则:第一是准确;第二是在实际情况允许的情况下,家长要以乐观的解释风格来评判孩子。当父母不自觉地用永久性及普遍性的信息批评时,孩子就开始获取自己的悲观模式;当父母责怪的是可变化的与特定的原因时,孩子就开始习得乐观。

音乐家的子女往往有一定的音乐天赋,酗酒的父母往往会有染上酒瘾的子女,天才的子女往往很聪明,同样,乐观的父母常会有乐观的子女。研究表明:虽然乐观的一部分(低于75%)是可遗传的,但父母和教师必须时时想到,多次成功很可能会使孩子习得乐观。我们应该尽力帮助孩子在成功之后继续成功。父母的解释风格,不经意间已经强注于孩子身上。假如家长朋友是悲观者,请一定改变自身的风格。具体方法是:

首先,在你最难过的时候,捕捉脑海中闪过的"负面思维"。以一位学生家长为例。这位妈妈不愿意要求女儿的学习成绩,因为女儿当年是早产儿,到现在身体较弱易生病,而妈妈对女儿充满愧疚。如果类似的念头一再出现,请及时捕捉它。接着对这些思维进行评估。像上面提到的妈妈,显然她的自责态度有"永久性"的特点,是不客观的。然后,在坏事发生时,找出更正确的解释。其实,那个女儿是全班个子最高的女生之一，身材并不瘦弱，体育成绩很好。女儿偶尔生病，有气候变化、生理期、疏于锻炼等方方面面的原因，根本不能归咎于孩子早产。最后，化解灾难性思维。女儿早产不会给孩子带来一生的灾难，它造成的影响早已过去了，现在孩子偶尔因为气候变化等因素生病，是正常的，可以通过治疗和锻炼调整过来。为了培养女儿乐观的品质，妈妈就一定要改掉悲观的解释风格！

（2）教孩子通过改变解释风格习得乐观。

第一，教孩子看出每个问题都有它自身的原因，对自己所导致的问题应自己负责，对于自己无法控制的事情，则不用责怪自己。校园霸凌现象的出现，有复杂的原因。家长朋友要帮助受欺凌的孩子尽量客观地分析方方面面的原因，避免孩子一味认为自己"没用"，不加分析地加深自己心理上受到的伤害。

第二，改善悲观的思维。悲观的孩子相信他们所做的事不重要，相信他们的问题是永久且无法改变的，于是不会去寻找解决问题的方法。许多孩子将事情灾难化，并且看到最坏的可能。遭受欺凌的孩子，情绪会迅速陷入低谷，容易产生悲观的思维。这时，引导孩子找到其他导致问题产生的因素，比如欺凌者的家庭环境、交友、个人性格等，然后专心寻求家长与孩子可控制部分的解决方法。

第三，避免"永久性"的想法。告诉孩子：当坏事情发生时，我们在内心会向自己解释发生的原因以及预测事情

影响的程度。有时,我们可能认为这个问题会永久持续,而且我们无法使它变好。这类"永久性"的想法会使我们难过,甚至未经尝试就放弃改变的努力。相反,如果我们相信这一状况只是短暂的且可改变的,我们就会觉得很有信心,并且会尽力去寻找改变的方法。校园霸凌发生后,父母要帮助孩子认识到:这只是暂时的,通过积极地努力,问题会得到解决。避免"永久性"的想法是改变解释风格中最重要的层面。家长朋友必须花足够的时间与孩子一起练习,直到孩子学会为止。

第四节　当女孩子遇到校园霸凌

在上一节中,我们引用了澎湃新闻网中的一则新闻。其中提到:初中生更易成为发生校园暴力的群体……与男生之间"硬碰硬"的冲突方式不同,女生之间的暴力多表现在侮辱性、逼迫性行为,对被施暴方造成的心理创伤异常突出。

我们先来看一个在中学见证过校园霸凌的女性的自述:

我还记得自己上中学时,班上有一个女生S,原本很正常,就是一个普普通通不多话的女生而已。但后来,因为她嘶哑而带着方言的发音方式,在一次课堂上被老师公然嘲笑了之后,引发了全教室的哄堂大笑。这场始于不经意间的"狂欢"，在这次嘲弄之后开始发酵，此后这个女生几乎在任何课上一开口，就会有其他学生在底下发出恶意的嘲讽。

久而久之，这种嘲讽发展成为了一场毫无保留的群体欺凌，任何时候只要有人提起S的名字，就会引发一场恶言恶语的嘲弄，更有人无中生有地把她编进了黄色段子，在班级里广为流传。而S，从原本普通的正常学生，逐渐变成了一个更加沉默寡言，独来独往不和任何人打交道的女生。但是，这样的孤立化，却遭到了更多人变本加厉的欺凌。

在某堂体育课上，终于发生了这样的一幕：几个男生在教学楼后面的僻静小花园里，发现了躲在那里看书的S。然后，他们几个开始轮流拍打她的脑袋、肩膀、手臂……再后来，是胸部……喧闹的笑声引起更多人围观，有一些人也加入了欺凌的队伍，更多的人在边看边笑。

可悲的是，这其中哈哈大笑的围观者，也包括我自己。

当时的我，也丝毫没有意识到自己正在欺凌别人。或者说，因为周围的人都在这么做，因此我默认为，自己在其中并不会有什么大碍。而且，在这层群体行为的保护层之下，甚至有欺凌他人的快感不住地涌现出来。

更可悲的是，除非捅出了大娄子，否则校园欺凌最终从来只会以小孩子之间的瞎胡闹大事化小。一如湛江一条新闻里，教育部门敷衍搪塞的话语一样："没有对女生造

成什么影响,他们当时在嬉戏。"然而他们都忽视了一点:校园并不是一个与世隔绝的地方,校园里发生的一切,都只不过是人性暴力本能的映射罢了。

校园欺凌事件的每一个个体,无论是欺凌者、被欺凌者抑或是旁观者也好,都具有社会性的显著特征。譬如欺凌者,往往有着体格上的优势,又借助自己的武力建立了霸权式的威信,有一些甚至早早就开始混社会。而被欺凌者,多半属于性格懦弱,有着自卑心理,宁愿忍气吞声也不愿意向他人倾诉,这种特点往往越受欺凌越是加深。至于旁观者,看似是处于一个第三者的位置,实则也是暴力的一部分。

我们都知道,当旁观者无人作为的时候,施暴者会获得更大的胆量去施加暴行。而当旁观者对受欺凌一方报以嘲笑时,更是极大地增加了施暴者的暴力倾向。毕竟,这等同于变相地支持其恶行。因此,旁观者的暴力,是隐形的,更是可怕的。况且,旁观者并不会永远是旁观者。如果得不到正确的价值观疏导,或许某天,旁观者也会成为潜在的施暴者。正如臭名昭著的"斯坦福实验"那样,到了最后,没有人是正常人,在那种暴力得不到遏制的氛围下,所有人都两极分化成了施暴者和受虐者。

然而,这一切毕竟只是我这个亲历者作为反省时的自我观察,可是那年那月的自己,包括身边看戏一样发出笑声的同学,都只是沉浸在暴力中无法自拔的一个个小混蛋罢了。谁又可以说,儿童、青少年们就不会有暴力之心呢。

在这篇文章中,我们看到了一个当年间接参与过校园霸凌现在已经长大的成年人的反思。结尾处的反思让人触动很大。也许,她的措辞不乏偏激,但真实的回忆和感受让人心痛。

在这个案例中,我们看到这么几个令人心痛的事实:(1)那个女生被欺凌仅仅是因为说话声音嘶哑、有方言口音;(2)在女生受欺凌的过程中,她没有向家长或老师求助;(3)几乎整班的孩子都是欺凌的参与者,而其中很多实施欺凌的孩子只是不知不觉中被影响,并没有意识到自己在欺凌别人;(4)未成年人之间彼此交往,组成了一个相对独立的小世界,其中发生的很多事情成年人根本就不知道,也很难介入;(5)一些孩子实施欺凌行为,会感受到欺凌他人的快感,这种快感会使欺凌行为持续下去甚至变本加厉。

我们不知道那个受欺凌的女生后来怎样了。但每个能换位思考的成年人应该都会为她感到难过……因为女生的生理和心理特点,在霸凌事件中,被施暴的女生受到的心理创伤会异常突出。而记录这件事的笔者,当年并不是主动实施欺凌的一分子,但许多年后,她回想起这件事,仍会感到深深的愧疚。看来,在校园霸凌事件中,施暴者、被施暴者和旁观者,都会在心理上受到影响,无一可以幸免。

　　当家长的都有这样的体会：孩子是女生，家长更操心。仅从霸凌事件的角度，我们先了解一下女生的特点。从生理的角度说，女生在身体构造、体质和生理功能等方面都与男生不同。到了初中以后，女生的体格大多数不如男生粗壮，肌肉不如男生发达，肺活量、握力都要小得多……这些差异不仅使女生的活动能力受到限制，而且在受到欺凌后对心理伤害更加敏感。

　　有这样一个现象：成年女性在面对灾难时，比男性更加坚韧。但研究结果表明：灾难对女性心理的影响，远远大于男性。这方面在未成年人身上还没有确切的统计数据，不过未成年人与成年人有相似之处。女生面对霸凌事件时，往往表现更加坚韧，但事件对女生造成的心理创伤，往往比男生更严重，更难愈合。

　　家有女儿的家长朋友们，能做些什么？

　　女生的家长之所以操心多，很大程度上是因为女生的生理特点决定了女生的别称是"弱者"。但父母既不能掩耳盗铃地认为霸凌事件离我们很远，不会发生在自己的女儿身上，又不能时时刻刻守在女儿身边，或者把她隔绝在"真空"中。那么就要把对未来未知的担忧，化为具体的行动。

　　第一，要足够了解自己的孩子。了解是建立在观察与沟通的基础上。作为一个女生的父母，要更敏锐地观察孩子的点滴变化，但言行要自然如常，不能让孩子有压力。

与孩子的沟通除了要保证每天进行,还要把握好这几个原则:(1)学习不是唯一的话题。(2)父母分工:涉及点滴小事和孩子的生理发展的方面,妈妈主管;涉及孩子与老师、同学的交往、成长困惑、把握为人处事的方向等方面,父亲负责。(3)客观了解孩子的个性特点,了解孩子当下的苦恼和困惑,以及孩子在面对困难、错误、突发状况时的反应。

第二,要传达给孩子一个重要的信息:有任何苦恼和困惑,一定向父母倾诉,积极寻求解决的途径。做到这一点并不简单。孩子处理问题积极还是消极,是长时间以来习得的。平时,如果孩子经常得到父母的陪伴与支持,她会习得相信父母,依靠父母;如果孩子经常被父母否定、责备,她会习得隐忍内心感受、不主动求助。

举例来说:

到了初中,女孩子的身体发育到了一个新的阶段,这方面即有可能成为孩子一下子难以适应的状况,一些女生发胖或发育明显又有可能成为被别人冷暴力的导火线。如果家长,尤其是妈妈,能坦诚地跟孩子讲讲身体发育的事,教孩子学着跟自己的身体对话,再说说自己当年也曾遇到过的困惑,孩子会更接纳自己的变化,也不容易产生自卑、苦恼等情绪。

父母跟孩子交流是双向的,不要一味地自说自话,也要倾听孩子的内心感受。成长无小事,女孩子苦恼的,可

能仅仅是脑门上的痘痘爆发连刘海都遮不住,是生理期不愿意上厕所,是因为不想显出胸部的发育而含胸驼背,是校服太难看,暴露出自己的身材不完美,或者是学校要求剪的发型她觉得不适合她……如果孩子愿意向你表达这些心声,那祝贺你:你跟孩子的交流很畅通。家长这时候千万不要表现出"多大点事"的态度,更不宜嘲笑孩子小题大做,一定要耐心地倾听,告诉孩子几乎每个到了这个年龄的女孩子都会有类似的苦恼,爸爸妈妈很能理解。然后真正做到"悲伤着你的悲伤,幸福着你的幸福",把孩子的苦恼当回事,尽力帮她想办法减轻苦恼。比如,给孩子购买缓解痘痘的外用药膏;帮孩子选择适合运动的卫生巾;帮孩子找好的裁缝,在学校的规则允许的范围内修改或定制校服,尽量达到修身的效果;为孩子选择技术好的理发师,剪出适合孩子脸型又符合学生身份的发型……

这些成人眼里鸡毛蒜皮的小事,对孩子来说可能非常严重。当我们真正重视孩子的感受和需求,帮她们妥善解决一些细节上的问题后,孩子的内心感到的,是理解、支持和爱。这种有安全感、有依靠的感觉,慢慢会让孩子更自信、更坚强。而孩子和父母的通畅交流,也自然达成了。

第三,一旦孩子遇到霸凌事件,父母知道了,首先要冷静。父母第一时间要提醒自己:孩子已经受到了伤害,不要因为自己的不冷静,而加重对孩子的伤害。记得我上学期间,有两次遇到麻烦,一次是被欺负,一次是突然生病,心高气傲的母亲,两次的第一反应都是狠狠地训斥了我。现在想来,母亲一定是觉得我是个优秀的孩子,不论是被欺负还是在关键时刻生病,都不应该发生在我身上,大约与"怒其不争"相似吧。但我当时的感受,是加倍痛苦,甚至隐隐地感到"对妈妈来说,面子比我更重要"。身为父母的我们,细想想,如果遭遇狂风暴雨,或者地震山体滑坡,我们会不分青红皂白地发火吗?大多数情况是不会的。面对孩子遇到霸凌事件,家长们为什么会怒火中烧?大概是事情出人意料,结果不可控导致的吧。而家长的内心深处,也不乏对孩子给自己惹麻烦的怒气。遇到这样的事情,任何一位家长朋友的内心一定是痛苦的,但切忌向已经受到伤害的孩子发泄。

如果孩子有身体的伤痕,先温和地说服孩子处理伤处。小伤也不应放过。这个过程,对于孩子和家长,都是一段整理思绪的必要的缓冲时间。在共同处理身体伤害的过程中,择机跟孩子了解一下具体的情况。孩子坦诚相告最好,不愿意提及也不必强求,心平气和地跟孩子沟通,不粗暴武断地评判,就已经是在疗愈孩子了。

接下来怎么做,在上一章中已经详细介绍了,这里就不赘述了。

第四,青春期的女孩子心思细腻,感受性强,如果遭遇了校园霸凌,心理创伤会更大,愈合过程可能更长,父母一定要做好打持久战的准备。这种情况,对孩子是巨大的考

验,对父母也是考验。因为心理创伤的恢复时长是无法预估的。现代社会的"浮躁病"已经深入每个家庭,几乎传染了每个人,我们遇到任何事情首先想到的是怎么短平快地解决。可是,孩子成长中遇到的问题恰恰急不得,正如"病来如山倒,病去如抽丝",不要因为似乎看不到尽头在哪里就轻言放弃。

作为一线的教师,我发现每一届学生都有不同于以往的特点。

有这么一个案例。女生 X 和女生 T 不在一个班,两个人的班对门。因为两个班的任课老师大多相同,两个班的同学就逐渐熟悉起来,下了课也会三五成群地一起聊天、玩耍。女生 X 高高的个子,小子头发型,说话走路也像男生。也许因为她不拘小节,也许因为她像个假小子,而且性格不拘小节,却喜欢上女生们公认的帅帅的"班草",并且当着其他同学的面向对方表白,所以她在女生中的人缘很不好。一次放学后,X 找对面班级的同学问事,一进门就坐在了一个桌子上。T 正在做值日,看到 X 就大声让她下来,X 就下来了,但嘴里嘟哝了几句。T 认定她在骂自己,两人推搡起来。周围有两个值日生,把她们拉开了。紧接着,两人在 QQ 群里开始对骂,"战火"升级,T 扬言要找高年级的男生打 X。两个人在走廊、操场、运动会时的运动场等等场合交手了几次。每次看到 X 和 T 碰面,两人有了火药味儿,两个班的同学都来围观,两人一旦推搡,同学们就把他们拉开了。X 试图跟 T 讲理，但 T 态度强硬，再三辱骂 X，说一定要收拾她。这个情况很长时间以来我和双方的家长都不知情。一直到期中考试前一天晚上，我接到 X 的电话，说 T 已经约好了高年级的同学，明天考试结束后，要把她拉到厕所打她。她很害怕。我听到这个消息后，先让 X 的家长接电话。X 的妈妈接了电话，我让她第二天接送一下孩子。虽然家长不能进校园，但对孩子来说，能感受到家长的支持。接着我联系了 T 的家长，她的妈妈毫不知情，并且认为孩子不可能这么做。我要求 T 的妈妈第二天严格控制孩子到校和到家的时间，尽量来学校接送，但 T 的妈妈在孕育二胎，爸爸在外地，她说做不到。我联系了学校政教处的值班老师，让他在两个孩子考试的楼层监控她们。政教处的老师答应了。

第二天，我在另一个校区监考，考试结束后我赶回学校，直奔 X 和 T 的考场所在的三楼。楼道里静悄悄的，既没有学生，也没有值班的老师。我打电话给政教处老师，他说并没有发现打架现象。我联系 X 的妈妈，问她接到孩子没有，她说她没到下班时间，就没去接孩子。后来，我了解到，X 出了学校后，T 和其他班级的两个女生截住她，把她带到学校北侧的小路上，揪着她的衣服骂了她，说她如果不老实，再去 T 的班，再跟老师打小报告，就不饶她。

因为我一再地追问，而且当时在校园外，周围也有考试结束回家的学生看到这一幕，X 最终告诉了我这件事。

我联合 T 的班主任调查这件事，T 基本没有认错态度，说那两个女生是她小学同学，她们并没有打 X，只是提醒不懂礼貌的 X 以后要懂礼貌。

我想强调的是后来两个女生的状况。事后，同学们悄悄谈论着这件事，说其实 T 打 X 是因为 X 表白的对象就是 T 暗恋的男生，所谓坐她们班桌子不过是借口。真实情况如何，两个人都缄口不谈，仿佛这件事已经烟消云散了。我暗暗观察着 X。她不拘小节、大大咧咧的状态不见了，下了课总是趴在桌子上，头上随时戴一个三面包着头只露出脸的帽子，如果老师不提醒她她就不摘。如果我提问问到她，她总是吓了一跳似的，然后站起来，茫然而愧疚。我跟她的家长联系，家长说她状态挺好，每天回家就写作业，并没有什么异常。再来说说 T。我不是 T 的班主任，是她们班的语文老师。我发现，她在班里表现得很安静，并不惹是生非。但作业偷工减料，冒充家长签字，测验考试作弊等等是家常便饭。当问她这些事时，哪怕证据确凿，她都表现得特别淡定、一脸无辜，矢口否认。

后来，X 的家长发现孩子的成绩下滑，逐渐意识到孩子的变化了，开始跟我交流帮助孩子的办法。在家长努力的陪伴、沟通和我从旁协助之下，孩子稍稍有点起色，至少不再把自己藏在帽子里了。看到她的状态一点点好转，我感到很欣慰。而 T 则因为妈妈顾不上管她，爸爸不在身边，她对老师的教育和同学的善意也视而不见，在叛逆的青春期这条路上越走越远……

通过这个案例，希望家长朋友们意识到：在校园霸凌中，没有赢家，双方都会受到影响。而家长在帮助孩子进行心理修复时，要做好打持久战的准备，拿出足够的耐心，建立强大的信心——相信只要积极面对，总有"云开日出"的一天。

第五节 写给实施霸凌的孩子和他们的家长

19 世纪美国女作家、教育家、慈善家海伦·凯勒有一篇文章被选入人教版中学语文课本，叫《再塑生命的人》。在这篇文章中，海伦·凯勒记述了自己小时候的经历：起初，她因为盲、聋、哑三种残疾懵懂无知，六岁时，安妮·莎莉文老师来到海伦家，给她的生命打开一扇窗。文章没有涉及校园霸凌现象，但请家长朋友们耐心阅读下面的文段，一定会有所发现：

……我不知道未来将有什么奇迹会发生，当时的我，经过数个星期的愤怒、苦恼，已经疲倦不堪了。

朋友，你可曾在茫茫大雾中航行过，在雾中神情紧张地驾驶着一条大船，小心翼翼地缓慢地向对岸驶去？你的心怦怦直跳，唯恐意外发生。在未受教育之前，我正像大雾中的航船，既没有指南针也没有探测仪，无从知道海港已经非常临近。

......

　　第二天早晨，莎莉文老师带我到她的房间，给了我一个洋娃娃。后来我才知道，那是柏金斯盲人学校的学生赠送的。衣服是由年老的萝拉亲手缝制的。我玩儿了一会儿洋娃娃，莎莉文小姐拉起我的手，在手掌上慢慢地拼写"DOLL"这个词，这个举动让我对手指游戏产生了兴趣，并且模仿在她手上画。当我最后能正确地拼写这个词时，我自豪极了，高兴得脸都涨红了，立即跑下楼去，找到母亲，拼写给她看。

　　我并不知道这就是在写字，甚至也不知道世界上有文字这种东西。我不过是依样画葫芦模仿莎莉文老师的动作而已。从此以后，以这种不求甚解的方式，我学会了拼写"针""杯子"以及"坐""站""行"这些词。世间万物都有自己的名字，是在老师教了我几个星期以后，我才领悟到的。

　　有一天，莎莉文小姐给我一个更大的新洋娃娃，同时也把原来那个布娃娃拿来放在我的膝上，然后在我手上拼写"DOLL"这个词，用意在于告诉我这个大的布娃娃和小布娃娃一样都叫作"DOLL"。

　　这天上午，我和莎莉文老师为"杯"和"水"这两个词发生了争执。她想让我懂得"杯"是"杯"，"水"是"水"，而我却把两者混为一谈，"杯"也是"水"，"水"也是"杯"。她没有办法，只好暂时丢开这个问题，重新练习布娃娃"DOLL"

这个词。我实在有些不耐烦了，抓起新洋娃娃就往地上摔，把她摔碎了，心中觉得特别痛快。发这种脾气，我既不惭愧，也不悔恨，我对洋娃娃没有爱。在我的那个寂静而又黑暗的世界里，根本就不会有温柔和同情。莎莉文老师把可怜的洋娃娃的碎布扫到炉子边，然后把我的帽子递给我，我知道又可以到外面暖和的阳光里去了。

我们沿着小路散步到井房，房顶上盛开的金银花芬芳扑鼻。莎莉文老师把我的一只手放在喷水口下，一股清凉的水在我的手上流过。她在我的另一只手上拼写"WA-TER"——"水"字，起先写得很慢，第二遍就写得快一些。我静静地站着，注意她手指的动作。突然间，我恍然大悟，有股神奇的感觉在我的脑中激荡，我一下子理解了语言文字的奥秘了，知道了"水"这个字就是正在我手上流过的这种清凉而奇妙的东西。

水唤醒了我的灵魂，并给予我光明、希望、快乐和自由。

井房的经历使我求知的欲望油然而生。啊！原来宇宙万物都各有名称，每个名称都能启发我新的思想。我开始以充满新奇的眼光看待每一样东西。回到屋里，碰到的东西似乎都有了生命。我想起了那个被我摔碎的洋娃娃，摸索着来到炉子跟前，捡起碎片，想把它们拼凑起来，但怎么也拼不好了。想起刚才的所作所为，我悔恨莫及，两眼浸满了泪水，这是生平第一次。

　　那一天，我学会了不少字，譬如"父亲""母亲""妹妹""老师"等。这些字使整个世界在我面前变得花团锦簇，美不胜收。……

　　读完这个故事，您觉不觉得文中的"我"，跟校园中的施暴者有相似之处。

　　校园中的施暴者因为未成年，有些时候会被简单地看作"小孩子，不懂事"。其实，小小年纪实施霸凌行为，很值得我们深思。他们中的绝大部分，就像文章中的"我"一样，之所以不惭愧、不悔恨，是因为不懂"爱"。不同的是：幼年的海伦·凯勒是被盲、聋、哑三种残疾困在一个无光无声的世界中，活得像一头小野兽；而校园中的施暴者，他们的心田竟然荒芜得与曾经像小野兽一样的海伦相似……

　　在莎莉文老师的启发下领悟到"爱"的海伦，对无法修复的破碎洋娃娃充满愧疚和悔恨。那些实施过霸凌的孩子，终会有一天意识到自己伤害了别人。那时，那些既成事实的伤害，会细细碎碎咬啮他们的心吧？而他们内心的愧疚、悔恨也许会发酵成腐蚀他们灵魂的"毒素"……

　　海伦·凯勒的"无爱症"被莎莉文老师用对水的感受唤醒了，这对我们治疗施暴者有什么启发呢？这些小小年纪的施暴者像年幼的海伦·凯勒一样，需要爱的唤醒。面对这些患了"无爱症"的孩子，家长朋友们或许应该静静地反省自己。有一句话说"孩子是父母的复印件"，很有道理。在孩子还是婴幼儿,开始感受"爱"的时期,我们承担起引导和榜样的作用了吗?

再给大家举个真实的例子。

有一个父母工作繁忙的男孩 Z。他的爸爸妈妈做生意,早出晚归还时常出差。Z 的日常生活由奶奶照料。男孩高个子,宽肩膀,完全是一副成年人的身架子。面对老师时,他从不躲开你的目光,嘴角还似笑非笑,一副"你能把我咋地"的样子。他的性格强硬,话少。比起同龄人,他格外显成熟,性格甚至有点阴郁。一次,他打了同班的一个男生。因为这已经不是他第一次打架了,班主任请他的家长来学校。Z 的妈妈来到学校,在班主任面前,一再说被打的孩子又没受多大的伤,不过是孩子们之间的打打闹闹,只是 Z 个子大、手重,估计把人家孩子弄疼了。课间,班主任把 Z 叫来,本想让 Z 好好认错,没想到 Z 看到妈妈在,更是抬着头望着天花板,一言不发,完全没有一点悔改的态度。当被打的孩子的家长也到了后,Z 的妈妈说如果对方被打伤了,她给出医药费。对方的家长看上去还不了解具体情况,听 Z 的家长这么一说,就表示孩子没什么大事,以后两个孩子还是好朋友,然后因为单位有事,急匆匆就走了。

Z 的班主任尽力协调,但被打的孩子的家长都不追究了,他也只好作罢了。我是 Z 的语文老师,看到这个过程,心里很不是滋味。我找了一个活动课,请 Z 到办公室背课

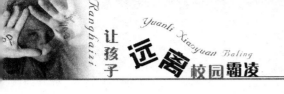

文,趁机跟他聊聊。面对 Z,我平和地问他:"你在班里是最厉害的吗?那,在学校呢?"他诧异地看着我,没回答。我又问:"打了这几次架,你都占上风,你感到高兴吗?"他看着别处,稍稍摇了一下头,嘴里轻声说:"没哇。"我换作稍稍严厉的口吻,一连串地问他:"你回想一下这几次打架,都是因为什么?对方犯了非打不可的大错,还是仅仅惹你不高兴了?即使对方犯了错,有老师、家长教育他、管教他,你凭什么打他?如果我们的社会中,只要看别人不顺眼,就可以大打出手,这个社会会变成什么样子?"我放慢语速,放缓语气,对他说:"孩子,老师请你想一想,被打的同学,会是什么感受?除了被打的同学,还有别人在这件事中受到伤害吗?这事,你百分之百错了。打架前,你错在没有管理好自己的情绪;打架后,你错在没有认清自己的错。你觉得,老师说得对不对呢?"他不说话,把头扭向一边,找了个借口回去了。

有那么几天,我感觉 Z 不像以前那么一副不好惹的样子了。平时,他的周围一直有一帮围着他的男生,走在走廊里或校园中,这一群人,颇有"势不可挡"的气势,横冲直撞的。也许是身边常有一帮"追随者"的原因吧,也许是他的家长一味袒护的原因吧,也许是打架还没有碰到过对手吧,Z 的温和昙花一现,就恢复了"谁也不放在眼里"的常态了。他上课心不在焉,作业抄别人的,考试作弊,值日不做,出口成"脏"……除了学习不好之外,在老师、同学眼里,Z越来越霸道、爱欺负人。除了那一帮"追随者",同学们都对他避而远之,是害怕,也是厌恶和鄙弃。

也许,从类似Z的施暴者的角度看,Z挺为所欲为的,学校、老师、同学拿他没什么办法。但他们在实施霸凌后,得到了什么?失去了什么呢?从他们的角度看,别的同学害怕他们,他们在校园中似乎很有"地位"。可是,他们被别的同学怕,是好事吗?他们跟别的孩子一样是有社会属性的,一样需要朋友,可是身边都是扭曲的关系,现在如此,以后呢,他还有没有建立正常关系的能力?他们为所欲为,对自己缺乏控制力,学习大多不好,往远看看,他们的未来在哪里?父母惯着孩子,而且缺乏承担责任的意识和勇气,这样做孩子的"榜样",孩子也会缺乏责任意识,这样的孩子对待父母会怎么样,将来又会如何对待自己的家庭呢?现在的他们人高马大,在同学中很占优势,可是凡事没有绝对的赢家,一旦有一天遇到比他们还厉害的对手,会是什么状况呢?随着年龄逐渐增加,他们会不会不满足于欺负比他们瘦弱的人,产生更大的"邪念"呢?

还有,在第一章我们介绍过:霸凌对事件双方的基因都会产生影响,会改变遗传信息。这些后果,还不足以引起施暴者以及施暴者的家长高度重视吗?

第四章 校园霸凌现象在高中

第一节 高中生的心理发展

从发展心理学的角度,高中阶段与初中阶段共同被划分为青少年期。到了高中,孩子们的心理发展并不整齐划一:有的孩子还在青春期,心理特点倾向于与初中生相似;有的孩子成熟较早,心理特点倾向于与成年人相似。我们就高中生的心理特点中与本书内容相关的几点给大家进行介绍。

高中的学生,已经到了青年早期。这个时期,正是一个人必须明确自己个性的主要特征,开始考虑自己的人生道路的时候,所以一切问题既是以"自我"为核心而展开的,又是以解决好"自我"这个问题为目的的。这种主观上的需求使得青少年的自我意识获得了进一步的发展。青年早期自我意识的特点体现在许多方面,《青年期心理学》

的作者祝蓓里将其总结为以下六点：

第一，自我意识中独立意向的发展。青少年已能完全意识到自己是一个独立的个体，因此要求独立的愿望日趋强烈。但是，这种独立性的要求是建立在与成人和睦相处的基础上的，与初中时期的反抗性特点有所区别。多数青少年基本上能与父母或其他成人保持一种肯定的、尊重的关系，反抗性成分逐渐减少。

第二，自我意识成分的分化。青少年在心理上把"自我"分成了"理想自我"和"现实自我"两个部分。正是由于这种分化才形成了他们思维或行为上的立体性，产生了按照自己的想法去判断和控制自己言行的要求和体验，同时也出现了自我矛盾。

第三，强烈地关心自己的个性成长。青少年十分关心自己个性特点方面的优缺点，在对人、对己进行评价时，也将个性是否完善放在首要位置。

第四，自我评价的成熟。青少年能独立地评价自己的内心品质以及评价行为的动机与效果的一致性情况等，其自我评价在一定程度上达到了主客观的辩证统一。

第五，有较强的自尊心。青少年在其言行受到肯定和赞赏时，会产生强烈的满足感；反之，易产生强烈的挫折感。

第六，道德意识的高度发展。在这个阶段，大多数个体似乎不断超越对外部奖励与惩罚的考虑，开始对父母与

权威人物提供的道德标准表示出一种真正的关注,对确保人类关系和谐与公平的法律做出了认真的思考,同时也成为法律的维持者。一些青少年也开始把道德看作他们身份特征的一个重要部分,他们也希望自己成为一个诚实、公正以及关心他人的人。

美国发展心理学家和精神分析学家埃里克森将青少年期定义为一个人形成同一性的关键期,并且认为青少年经历了同一性对角色混乱这一心理冲突。自我同一性是指个体在特定环境中的自我整合与适应之感,是个体寻求内在一致性和连续性的能力,是对"我是谁""我将来的发展方向"以及"我如何适应社会"等问题的主观感受和意识。为了获得自我同一性,青少年必须在某种程度上整合自我知觉的许多不同方面,使其成为一致的自我感。

青少年同一性冲突的解决是在18~22岁。尽管整个青少年期都存在对自我的探索,但自我同一性最重要的变化发生在高中和大学阶段,特别是20岁左右这一时期是建立同一性的关键时期。

青少年的同一性形成过程至少受四个因素的影响:(1)认知发展水平对青少年同一性的形成具有一定的影响,那些对形式运算思维掌握牢固并且以复杂和抽象的方式思考的青少年比那些认知不怎么成熟的青少年更有可能提出和解决同一性问题;(2)与父母关系的远近以及父母的教养方式会影响到青少年自我同一性的建立;(3)和同伴群体的相处以及友谊的建立对青少年同一性的形成有重要作用;(4)学校、社会以及更广泛的文化背景同样会对同一性的建立以及发展产生影响。

心理学家认为,人类个体要达到身心和谐,就必须完成心理整合过程。心理整合过程至少包括以下两个环节。第一,持续性环节。通过这个环节个体能意识到现在的我是由过去的我发展变化而来的,自己现在和将来的一切都是在过去的基础上发展起来的。第二,统一性环节。通过这个环节个体能意识到自己是一个各方面统一、协调的整体。

一般认为,个体要到 25 岁甚至更晚一些,才能完成这种心理整合任务,达到心态的稳定和平衡。青少年随其生理上发生的巨大变化,在心理整合的持续性环节和统一性环节都会出现暂时的混乱,结果导致他们不能很好地接纳自己,出现一些消极心境。

(一)烦恼突然增多。

(1)不知道应该以何种姿态出现于公众面前。外观形象的变化,使青少年产生要改变自己在别人心目中形象的迫切需求。但如何改变,应以一个什么样的姿态出现才能得到别人的承认和喜爱,对许多类似的问题,他们找不到满意的答案。(2)与父母的关系出现裂痕。青少年越发感到父母不能理解他们的想法,而且他们的某些愿望及要求还常遭到父母的阻止和干涉,由此造成他们与父母感情的

疏远。怎样才能得到父母的理解和支持？怎样才能将自己与父母的关系再度恢复到儿时那种亲密的程度？与父母的关系不融洽到底是谁的过错？这些问题常常困扰着青少年。(3)不知如何保持或确立自己在同伴之中应有的地位。进入青春期后，随着自我意识的高涨，青少年增加了获得自尊的需要，他们希望同伴能接受自己、肯定自己、喜爱自己，或者在同伴中维持自己过去曾拥有的优越地位。

(二)孤独。

美国心理学家霍林沃思将青春期到青年早期这一年龄段称为"心理上的断乳"时期。"心理断乳期"给青少年带来了很大的不安，尽管他们在主观上有独立的要求和愿望，但实际上很难在短时间内适应独立生活。青少年的内心冲突及在现实中所遇到的挫折都较多，对许多问题还不能依靠自己的力量和能力去解决，又不愿求助父母或其他人，担心这样做有损独立人格，因此产生一种孤独的心境。另外，此时青少年产生了对亲密关系的需求，但与之相关的社会关系还没有建立起来，因此当陷入孤独的时候，往往难以自拔。

(三)压抑。

随着年龄的增长，青少年产生了多方面的需求，既包括生理方面的，也包括心理方面的。但有许多需求不能得到满足，其原因是多方面的：有时是因为愿望本身不切实际;有时是由于社会上的阻力或父母的限制;有时是由于自身经验不足而导致失败。因而,青少年的自尊心易受到打击,但又有争强好胜的冲动,在这种矛盾的情形下,他们常常处于压抑的心境。

除上述所列出的几种心境外,青少年也具有一些积极的心境,如憧憬就是存在于该阶段中的积极心境。但总体来讲,在这个年龄阶段中,青少年的心境中消极成分会占有很大的比例,因此特别需要父母及社会其他教育力量予以悉心指导和帮助。

第二节　高中生中出现的校园霸凌现象

到了高中,高中生比起初中生更成熟、更理智,思维更接近于成年人。当然,由于他们所面对的社会环境的复杂性,他们要逐渐形成对家庭、同伴和更广泛的社会(如学校系统等)中不同的道德规范和要求的认识。他们的道德发展会呈现出个体差异。有时,高中生也会遇到校园霸凌事件。

我们先来看两篇网友讲述自己曾遭遇校园霸凌的文章:

(一)高一班上有个女生 M 长得比较有气质,皮肤好,白白的,成绩也很好,是班干部和课代表。

男孩子私下集体讨论班上哪个哪个女生好看,哪个哪个女生身材好,大概是高中时期每个班都有的事吧。一众男生就说 M 长得比较清纯,好看。

大概是出于嫉妒吧,班里有几个女生拉帮结派,抱团组成了"反 M 联盟",处处针对:下课一群人在走廊看见路过的 M 会当面冷嘲热讽,体育课组织女生集体活动不配合,打翻 M 的水杯,私下翻乱 M 的课桌,甚至会跟认识的别班的人编造 M 的人品不好等无中生有的事。

后来班上有个男生追求 M,被直接回绝了,男生当时犯小心眼,也许觉得面子过不去,就跟着那些女生一起孤立 M。

起初 M 还试图去做些努力:主动说话,帮帮小忙,希望能改变一下这样的局面,但显然人家不领情。身边的朋友也不是没有见义勇为过,但最后都被连带着一起针对。再之后,M 觉得自己不予理会,也不要到处跟自己的朋友抱怨说教,自己好好学习,是最好的态度。

但她没能做到。

长期处于这种被攻击、中伤、孤立的状态,M 心理上受到了影响。最严重的时候,下晚自习 M 会一个人躲在自己房间的窗帘里哭。

高一的女生,不知道怎么跟爸妈开口说自己在学校遭受的委屈。她像疯了一样一边哭闹到抽泣一边想跟爸妈说明自己的委屈,但是陷在情绪里连吐字都很费力。M 的妈妈只能抱着躲在窗帘里不肯出来的 M 坐在地板上，每天等 M 哭累了睡着了再把她抱回床上。

高二的时候分文理科班，M 所在的班是理科班，选择文科的同学就会离开这个班去重组。那些针对 M 的女生里有八成选了文科，M 选了理科。高二的元旦晚会，那些女生里的"头头"，托人送了卡片给 M 道歉，大致写了：以前的我们都太年轻，做过错事，希望你能原谅。

是啊。

……M 就是我本人。并不是在标榜自己是女神，我也不是什么完美的存在，但确实因为这方面的因素受到了欺凌。

以前不够成熟理智，受到了很大的影响，怀疑过自己，也当过"怨妇"，现在过得也不尽如人意。只是现在的自己希望当初的自己，能再坚强一点，专心一点，当你足够强大的时候，别人很难伤害到你。

另外

以青春的名义伤害过你的人

你可以选择不伤害他们

你也能以青春的名义

不原谅他们。

(二) 小学时异地转校，我刚入校的那几天就亲眼见几个本地的学生下课时把一个从四川来借读的孩子围在饮水处打，甚至抓着脑袋往水管上撞，一个月后他退学了，他

107

妈妈领他走时泣不成声。他走了后全班就剩我一个外地学生，那几个本地学生就开始挑衅我。我的处理方法很简单，打回去，纵使我占不到便宜也不能让对方舒坦地欺负我。再后来没人理我了，因为我总还手，还敢下手，谁不怕挨打？

高中时就更严重了，我是一个来自落后地区的借读生，再加上正值青春期，遇到事想不动手都难。报到时就差点和别人打起来，因为有人嘲笑我的着装"土"。

再后来我发现好多成年人都不屑于使用暴力，在他们眼里，使用暴力就意味着放弃了智商。19岁后我就再也没动过手。

好多家长教育孩子以德报怨，能忍则忍。我觉得这是特别不负责的教育说词，暴力不是洪水猛兽，暴力是男性在未成年时的社交语言，有的人甚至一辈子都只会这一种语言，和这些人交流谈判时使用暴力是必要战术。

作为一名准爸爸，我也要像我爸一样教育孩子：骂你了"喷"回去，打你了还手，出了事来找爹。十七岁前不会动手和吵架我要骂他，十九岁以后只会动手和吵架我依然要骂他。独立完整的人格最基本的条件就应该包括反抗。你不能保证和孩子相处的所有人都有素质、有涵养，所以，素质只对有素质的人展示，暴力要留给那些没素质的人使用。

上面两个遭受校园霸凌的高中生，一个是女生，一个是男生。女生是因为别人的嫉妒心受到欺凌,她受到的是语言暴力以及冷暴力。从她自己的叙述中,可以看出她心理上受到的伤害程度较重(像疯了一样一边哭闹到抽泣一边想跟爸妈说明自己的委屈,但是陷在情绪里连吐字都很费力),而且持续时间较长(怀疑过自己,也当过"怨妇",现在过得也不尽如人意)。男生从小学到高中一直被欺凌,原因是自己是外地来的借读生,他受到的暴力是身体暴力。从他自己的叙述中可以看到,他一直以爸爸教导的"打回去"的方式(我也要像我爸一样教育孩子:骂你了"喷"回去,打你了还手,出了事来找爹)面对欺凌,而心理上受到的伤害较轻。两个例子中的主人公,共同的认识是自己一定要坚强。

女生是个优秀生、班干部,内心是自信的,在受到欺凌的过程中,她的妈妈也一直在努力陪伴着她,所以在心理上虽然造成了创伤,不过从文字中可以看到,她能够客观地面对和思考自己曾经的经历,并努力地自我疗愈和成长。

男生从小学就受到欺凌,而且见识了很极端的欺凌手段(我刚入校的那几天就亲眼见几个本地的学生下课时把一个从四川来借读的孩子围在饮水处打,甚至抓着脑袋往水管上撞,一个月后他退学了),但接受了爸爸的应对霸凌的"方法",一直毫不退缩地"打回去",从文字中看,他的内心是比较强大的。男生成年后回首自己的经历,总结为男

109

孩子"十七岁前不会动手和吵架我要骂他,十九岁以后只会动手和吵架我依然要骂他"。对于他认为要"以暴制暴"应对霸凌的说法,与他嗤之以鼻的"成年人"一样,我也要说,暴力不是解决问题的唯一方法,甚至是最糟糕的方法,请家长们看看书中讲的合理、合法、安全的解决方法。不过,他认为对于男孩,"独立完整的人格最基本的条件就应该包括反抗。你不能保证和孩子相处的所有人都有素质、有涵养",从这一点来说,他有亲身经历,有应对校园霸凌相对成功的经验,我想,他是有发言权的。

在以上两个案例中,我们看到,校园霸凌的发生有不可预知性。而两个家庭中,家长对孩子在心理上都起到了支持的作用。由于我们全书一直在强调用正确的方法应对霸凌,这里我们不再对这位父亲的教育方式作过多评论。但不可否认的是,真正一天天面对生活的,只能是孩子自己,两个孩子都有强大、坚韧的一面,遭遇校园霸凌这样丑恶的事情,他们仍然努力地成长和强大起来。

第三节　高中生如何应对霸凌事件

孩子成为高中生,从身体发育到心理发育越来越接近成年人。当遇到校园霸凌事件时,孩子的承受能力会强于初中生。不过,希望自己强大、独立,却又暂时无法真正强大、独立的他们，一旦受到伤害，会产生更大的心理创伤，修复的难度会增加，修复的时间也可能会相应延长。

在本章第一节中我们提到：每个人成长的过程中，都会遇到"同一性"形成的问题，而自我同一性最重要的变化发生在高中和大学阶段。自我同一性是指个体在特定环境中的自我整合与适应之感，是个体寻求内在一致性和连续性的能力，是对"我是谁""我将来的发展方向"以及"我如何适应社会"等问题的主观感受和意识。在高中阶段，如果遭遇校园霸凌，有可能会对高中生的心理发展产生以下影响：

第一，高中生由于自我意识中独立意向的发展，已能完全意识到自己是一个独立的个体，因此要求独立的愿望日趋强烈。而遭遇校园霸凌会打击高中生的自信，使他们对自己是否具有独立的能力产生怀疑。

第二，高中生的自我意识成分产生分化，在心理上把自我分成了"理想自我"和"现实自我"两个部分。正是由于这种分化，他们产生了按照自己的想法去判断和控制自己言行的要求和体验，同时也出现了自我矛盾。而遭遇校园霸凌可能会让他们的"理想自我"遭受毁灭性打击，同时"现实自我"也难以清晰定位。

第三，高中生强烈地关心自己的个性成长，他们关心自己个性特点方面的优缺点，在对人、对己进行评价时，也将个性是否完善放在首要位置。这时遭遇校园霸凌，他们

对自己的评价可能骤降,产生强烈的自卑心理。

第四,高中生有较强的自尊心,在其言行受到肯定和赞赏时,会产生强烈的满足感;反之,易产生强烈的挫折感。与前几点一致,遭遇校园霸凌会对高中生的自尊心造成非常大的打击。

第五,高中生的道德意识高度发展。在这个阶段,大多数高中生,开始对父母与权威人物提供的道德标准表示出一种真正的关注,对确保人类关系和谐与公平的法律做出了认真的思考,同时也成为法律的维持者。一些青少年也开始把道德看作他们身份特征的一个重要部分,他们也希望自己成为一个诚实、公正以及关心他人的人。而校园霸凌严重违背了道德甚至法律。被欺凌的高中生可能会对父母及社会提供的道德标准产生怀疑,进而感到无所适从。

当孩子出现这样的情况,家长朋友们该如何帮助孩子,陪伴他们走出困境呢?

首先,还是冷静,处理好自己的情绪,并且帮助孩子处理好情绪。这不是件一蹴而就的事。情绪如水,强烈的情绪如洪水。古往今来,治水的智者典范非大禹莫属。我们对大禹的故事耳熟能详,大禹治水的方法也可以一言以蔽之:疏导。可凡事说起来容易做起来难。如果当年大禹治水容易,怎么会"三过家门而不入",又怎么会历经几千年流传下来这段故事?想想看:滚滚而来的黄河水,深而宽广的河道,很多地方堤岸已经被冲毁,河水已经泛滥到周围的村庄。在那个还处于原始生产力的时代,没有任何机械辅助,疏浚河道,谈何容易?

在孩子遭遇校园霸凌时,家长会面临情绪洪水的侵袭,但我们首先要告诉自己:我们不能忽略孩子受到的身心伤害,千万不要因为自己的不冷静让孩子感到更深的伤害。到了高中,孩子们会努力表现出自己已经是成人,急着与"小孩子"划清界限。所以当他们遇到问题时,往往会努力表现得若无其事,一切尽在掌握之中。如果家长朋友不了解高中生的心理发展特点,看到这样的外在表现,可能会忽略孩子的真实感受。所以我们一定不要冲动说话或行动,要有"透过现象看本质"的锐利目光,体会孩子受伤后还努力掩饰的痛苦和不易,帮他们也帮自己疏通情绪的河道,平息情绪的洪水。家长要记得,孩子哭比不哭强。可以教孩子一些宣泄情绪的方法:去野外大喊,打沙袋,去心理机构的宣泄室去宣泄一下,等等。

第二,如果孩子沉默,对发生的事情避而不谈,家长要充分理解孩子,相信他(她)在自我调整。与小学生、初中生遇到欺凌后,家长要跟孩子沟通他(她)受欺凌的具体情况不同,高中生遇到欺凌后,他们正在探索的自我个性以及正在整合的同一性受到挑战,而他们又处于向成年人"转型"的关键时期,孩子对家长的劝说、教导已经太熟悉了,可能很难起作用。因此家长要明白,如果不能确定你

说的话有积极作用,不如不说,给孩子一段独自梳理情绪和独立面对、思考问题的时间。

　　家长朋友要像面对一个成年的朋友一样面对孩子。爱,依然是解决一切心理问题的良药;陪伴,依然是爱的最佳表达方式。只是,不能急,不能强求。父母尽量每天按时回家,做好衣食住行等后勤工作。如果孩子爱运动,陪孩子去运动;如果孩子爱看电影,帮孩子选电影;如果孩子爱看书,给他(她)买书。

　　不过,孩子的沉默对情绪的洪水来说,近似于"以堵治水"。因此,我们理解孩子的沉默的同时,还是要借助"第三方"的力量,给孩子"疏浚河道"。比如借助电影、小说、心理学书籍等。每个孩子的内心都有很柔软的地方。花一些时间,去寻找一些能触动孩子,打开他(她)心扉的电影、书籍。别轻易依赖其他人解决孩子的问题。请家长朋友们相信:如果这个世界上有了解孩子内心的人,那一定非父母莫属了。平时,我们面对一年比一年长大的孩子,会因为忙碌、焦虑、关心则乱,用"七岁八岁狗也嫌"、青春期、叛逆期等等说法,为孩子不听话、不好管赋予必然性,也为自己的无力感找到了理由。其实,很多时候,我们是在为自己的不够重视、不够耐心、不够有办法找借口。有一句话说:"知子莫若父。"谁又能比父母更了解孩子呢?

　　第三,在适当的时候跟孩子彻底沟通。有这样一句话:"那些曾让你哭过的事,总有一天会笑着说出来。"这句

114

话给我们一个提示：当痛苦很深时，我们感到无法言说；而终有一天，我们放下了痛苦，才能够笑着说出来。孩子遭遇了校园霸凌，如果家长朋友一直避而不谈，孩子就会把伤口严严实实地捂起来，表面上看不到，里面却可能化脓、溃烂。什么时候是跟孩子沟通的适当的时候？不能一概而论。当孩子的心情平复一些的时候，可以给孩子写信。写写家人对他（她）的爱和担忧，写写父母长大的过程中遇到的困难，写写所有爱他（她）的人随时准备着跟他（她）交流……孩子回信最好，不回信也不怕，他（她）看了，就会感受到文字中真诚的信息。写多少信呢？最好有规律，比如一周两次。

　　还要借助孩子的"重要他人"——可信任的朋友，或"魅力成人"——他（她）愿意与之交流的老师或长辈，跟孩子进行沟通。美籍阿富汗作家卡勒德·胡赛尼在小说《追风筝的人》中，讲述了阿富汗一个富家少年与家中仆人关于风筝的故事。故事关于人性的背叛和救赎。在这部小说中，主人公阿米尔因为少年时愧对忠诚单纯的仆人哈桑，此后半生都被愧疚自责的阴影所缠绕。阿米尔与父亲的朋友拉辛汗是"忘年交"。拉辛汗知道阿米尔的所有事情，当阿米尔将近四十岁时，拉辛汗给阿米尔指出一条"再次成为好人的路"。在拉辛汗的敦促下，阿米尔走上了艰难的赎罪之路。在这部书里，几乎每个人都因为战乱产生了心理问题，而阿米尔的救赎之路是最漫长的。好在，有

一个了解他的过往、理解他的懦弱、想要帮他完成救赎的"魅力成人"拉辛汗。阿米尔在拉辛汗的鼓励下,艰难地迈出赎罪的第一步时,他已经年近不惑。这条救赎之路他走了近三十年。这个故事给我们的启示是:(1)"魅力成人"对一个孩子的成长能起到关键性的作用;(2)孩子的心理问题可能持续很长时间;(3)生命中的痛苦也是生命体验和自我完善的身心修炼,经历过痛苦,孩子们才会成为更好的自己。

相信孩子在沉默一段时间后,发现家人一直在尊重、关心也担心着他(她),总会敞开心扉跟家长交流的。中医理论说"通则不痛",当孩子终于能直面自己遇到的挫折,把它倾诉出来时,距离治愈伤口就不远了。

第四,借助文学艺术的力量。高中生处在一个人生中独特的心理阶段,他们对父母、长辈、老师以及其他成年人,有一定的依赖、接纳、尊敬,又有不可忽视的叛逆、对抗。而高中生的思维发展也趋向于成熟和独立。这时,还有一种力量,对孩子的影响不可忽视,那就是文学,还可以扩大到文学艺术。高中生比较少跟长辈、老师甚至同龄人交流,但他们会愿意从古往今来的贤者智者那里寻求智慧。家长朋友要相信并借助这股力量。如何借助文学艺术的力量呢? 不妨试试下面几种方法:

(1)再读童话故事,生动而睿智。比如《彼得·潘》让我们发现每个人内心都有一个长不大的孩子,《海的女儿》

116

告诉我们什么是爱与牺牲,《不老泉》让我们懂得"死让我们珍惜生"……

（2）阅读名人传记,真实而厚重。比如林语堂著的《苏东坡传》,苏东坡经历人生几起几落,竟然成为文学史上最洒脱、豁达的大文豪。比如罗曼·罗兰著的《名人传》。在这部作品中,罗曼·罗兰选择了三位"英雄",为他们作传——德国音乐家贝多芬、意大利画家和雕塑家米开朗基罗、俄国作家列夫·托尔斯泰。罗曼·罗兰在这部书中写道:"世界上只有一种英雄主义,就是在认清了生活的真面目后依然热爱生活。"他选择的三位"英雄"就是这样的人。他们的生命是长期的受难……最终,他们由于毅力而成为伟人。他们的人生给我们一个启示:对于这些坚强的人,生命从没有像处于患难时的那么伟大、那么丰满、那么幸福。让孩子选择他(她)欣赏的领袖、政治家、军事家、文学家或是俗世奇人,看看他们的传记。孩子们会发现:谁的人生都不是一帆风顺,苦难和挫折每个人都会遇到,而且都能承受,只要我们积极应对,就能浴火重生。

（3）阅读文学作品。我是语文老师,总在向学生宣讲文学的重要性。其中和我们每个人息息相关的,大概就是它作用于人的心灵吧。其实,人生中遇到的每种困惑都不新鲜,我们可以从文学作品中,从别人的人生经历中找到经验、方法与力量。孩子被欺凌,可以去看看这些文学作品:高尔基的《童年》、安妮·弗兰克的《安妮日记》、卡德

勒·胡赛尼的《追风筝的人》、J. K. 罗琳的《哈利·波特》；奥斯特洛夫斯基的《钢铁是怎样炼成的》、威廉·萨默塞特·毛姆的《月亮与六便士》、高军的《世间的盐》；蕾秋·乔伊斯的《一个人的朝圣》、海明威的《老人与海》；等等。其中前四部主人公是孩子，中间三部是成年人，最后两部是老年人。在人生的不同阶段，每个人都可能遇到苦恼、困惑，看看文学作品中的人们，他们的人生可以成为我们的镜子。

（4）在各种艺术形式中找到排遣的途径与心灵的加油站。听音乐、演奏乐器、看电影、看画展、画画儿……各种艺术形式都来源于生活，创造自充满灵感的心灵，其中有无穷无尽的能量。有一些温情的电影，也可以看看，比如《美丽人生》《幸福来敲门》《帕丁顿熊》《滚蛋吧，肿瘤君》《触不可及》以及宫崎骏的系列动漫电影等等。对于宫崎骏，有人这样评价：当一位艺术家成为大师之后，他通过自己的作品反映出来的，是超越艺术形式（比如动漫）、超越国界甚至超越时代的东西。宫崎骏如此，许多文学家、艺术家、电影编剧和导演都是如此。这些打动人心灵的艺术形式，对于正在形成自我"同一性"的高中生，尤其是遭遇校园霸凌而受挫的高中生的影响很可能超过家长、老师以及他熟悉的成年人的教导。

第四节　未雨绸缪的"爱情教育"

　　我的一位好朋友在高中任教。她告诉我：在她看到的学生之间发生的欺凌现象中，有相当大的比例跟男女生相处、谈恋爱有关。

　　在前面初中部分和高中部分我所列举的案例中，都有涉及男女生相处的例子。当孩子进入青春期后，如何应对对异性的好奇、好感等问题，是孩子或迟或早要遇到的困惑。这个问题跟其他问题的不同在于：目前我国大多数家庭教育和学校教育中缺失这方面的内容。

　　作为父辈的我们，对于爱情的了解，从哪里来的呢？

　　哥哥和我的童年是在姥姥姥爷的陪伴下度过的。记得哥哥在上中学时，姥爷总叮嘱哥哥：千万不能找对象，以免耽误了学业。等哥哥上了大学，姥爷寄给哥哥的第一封信就说遇到合适的女生可以考虑找对象。其间，没有过渡。因为姥姥家离我的学校近，我初中到高中都住在姥姥家。有一次，姥姥姥爷急匆匆地把爸爸妈妈叫来，全家的大人关着门开了一个会。之后妈妈一脸郑重地跟我说：据姥姥反映，我经常听磁带里的流行歌曲，内容几乎都是伤感的，偷偷写日记，有时会发呆、流泪，这些症状表明——我很可能早恋了。我不记得当时究竟是什么情况，只记得

在青春期的过程中,我确乎有些多愁善感,对男生的好奇是有的,算不算早恋就不好说了。妈妈是老师——在学校里常年"把关"高三的优秀教师。她跟我郑重谈话时,我多希望她跟我说说什么是"爱",如果我早恋了该怎么办?可妈妈只是说"好好学习,不可分心",并没有给我一些指导。后来这件事在我中考考了全校第一后偃旗息鼓了。而我心中"爱情"这道应用题,很长时间都无解。我姨父事业成功、教子有方,有一帮像亲兄弟一样的好朋友。但他在孩子跟异性相处的问题上非常固执。在表弟上中学时,我已经是老师了。我问姨父:"跟表弟交流过男女生相处的问题吗?你怎么看待'早恋'?"姨父不容置疑地说:"早恋?绝不允许!"我说:"孩子到了青春期,出现早恋问题很正常啊,这也不由他们自己呀。"可姨父依然固执地说:"怎么就不由自己?我早就告诉你弟弟了,绝对不允许!"

我哥哥、我、我表弟的经历,是不是跟各位家长朋友有相似之处?想想看:这样成长起来的我们,对"爱情"够明白吗,我们会对孩子做"爱情教育"吗?

我从工作到现在,周围的成年人对中学生恋爱的态度,经历了"视中学生恋爱为洪水猛兽"—"基本认同中学生恋爱是青春期可能出现的现象"—"中学生恋爱是正常现象"这几个阶段。不过即使到了认为"中学生恋爱是正常现象"的阶段,大部分家长仍然认为这种现象不会发生在自己的孩子身上。对于有确凿证据表明在恋爱的孩子,很多家长、老师仍会严阵以待，认为这是一件严重而糟糕的事。对孩子的教育方向，以"斩断情丝""把心思用在学习上"为主。

每个孩子成熟的早晚有差异，所以因异性关系导致欺凌的现象可能出现在初中也可能出现在高中。不过初中阶段的校园霸凌原因多样，而到了高中阶段，孩子们身心发育趋向成熟，越来越理智地面对学习、生活中的诸多问题，但在"与异性交往"方面，他们仍然是"小学生"。于是，男女生交往、谈恋爱便随时可能引起孩子们之间的矛盾，甚至可能引发校园霸凌。具体表现为：不同的女生喜欢同一个男生而产生矛盾；同时跟不同的异性交往，导致不同异性之间产生矛盾；漂亮女生被不同男生喜欢，既被其他女生嫉妒，被拒绝的男生也心怀不满；等等。究其根源，孩子们不懂什么是爱，不能正确对待爱，不能正确处理在爱中受挫的问题。

令人感到为难的是，孩子们基本不会主动跟家长谈起恋爱这个话题，万一遇到了与恋爱有关的欺凌，就更是三缄其口，不到万不得已绝不提及。这就更需要家长朋友们预防为主，未雨绸缪，在恰当的时机跟孩子"谈谈爱情"。

在"爱情教育"方面，我不是专家。爱情是人生中最重大的问题之一，我作为一个班主任，在工作中不可避免地会遇到因学生恋爱引发的问题。对这个问题，我只是从一个班主任的角度给大家说说我的粗浅认识和应对策略，权

做"引玉之砖"，也许大家看了，能有可以借鉴之处。

在我带的班里，到了学生初二时，我会以"爱的教育"为主题开三次班会。第一次，主题是"爱是什么"。我是语文老师，先从字形入手，分析"爱"这个字。爱（爱的繁体字）是一个会意字，分四部分，上面的"爫"和下面的"夂"，是象形的"手"字，中间的"冖"是一个桌案，桌案下面是一个"心"字。这几个部分组合起来的意思是：一双手捧着心，隔着桌案郑重地把它交给对面的一双手。隔着桌案表明这是一个郑重的仪式。所以我的结论是：爱是一件郑重的事，在年少时异性之间多数是好奇、欣赏、喜欢，并不是深厚的感情——"爱"。因此不要在内心产生冲动时，盲目暗示自己在"恋爱"。接着我会让孩子们交流他们眼里的爱情。孩子们会讲爸爸妈妈、爷爷奶奶或家里的亲戚中的故事。我们对爱情的了解，大部分是代代相传的传统观念，比如"海誓山盟""海枯石烂""相敬如宾""从一而终"等等，我们不必评判这些观念，当中学生们对"爱"产生了困惑时，这些词似乎是帮不了他们的。不如让他们抬起头来，看看身边实实在在的爱情。在孩子们交流后，他们会发现，爱包括微笑，跟对方聊天，为对方做他（她）喜欢吃的饭菜，不说话却默契到像一个人，还包括吵架了还不忘给他（她）沏喜欢的热茶、给他（她）放好每晚必读的杂志……在彼此的启发下，孩子们会发现生活中的爱情不见得轰轰烈烈，不见得像电影、小说中那么有戏剧性，但它平实、深厚。

第二次班会,主题是"等爱长大"。"爱"这种情感有点像豆角——如果烹饪的过程中豆角没有完全熟,吃它会中毒,而完全熟了的豆角好吃又有营养。不管家长还是孩子都要意识到:中学生产生"爱"或"类爱"的情感很正常,这是人生必修课之一。不过不成熟的"爱"是会带来一些后果的,比如单方面的热情经常导致情绪低落甚至失控,双方都不成熟导致情感脆弱、速热速冷,陷入"爱"的发热状态对学习无心顾及,导致成绩迅速滑落,甚至因多角关系引发校园霸凌……父母和老师要尽早引导孩子发现生活的丰富多彩,告诉孩子:心里的世界很小很小,外面的世界很大很大。年少时是为自己打造一片广阔天空的最佳时机,你的天空广阔了,任何一角出现乌云都不会遮住所有的阳光。多年跟学生打交道积累的经验告诉我:一个爸爸妈妈给予满满的爱的孩子,一个兴趣广泛的孩子,一个有阳光积极的朋友的孩子,不是不会面临"爱"的困惑,但这困惑基本上不会打乱孩子成长的节奏,更不会引发霸凌之类的问题。在孩子刚刚进入青春期时,家长就可以坦诚地跟孩子讲讲"豆角原理",更要点滴引导孩子不断丰富自己的世界。爸爸妈妈要像朋友一样跟孩子交流交友、异性交往等多方面的话题,用满满的爱给孩子能量,培养孩子丰富的兴趣爱好,支持孩子交朋友、读书、运动……我坚定地认为,青春期的孩子缺爱才找爱,缺爱才易陷入爱、依赖

爱。当孩子从家长、朋友那里得到足够的爱与支持,有丰富的兴趣爱好,他(她)的内心是强大的,即使遇到爱的困惑,也不会迅速"沦陷",沦为情感、情绪的奴隶,做出偏激、错误的行为。

第三次班会,主题是"爱的得与失"。与其期望"爱的困惑"不会降临到自己的孩子身上,不如给孩子讲讲如何思考爱的得与失。睿智的古希腊哲学家苏格拉底善于为人们指点迷津。一次,柏拉图问苏格拉底:"什么是爱情?"苏格拉底说:"我请你穿越这片稻田,去摘一朵最大最金黄的麦穗回来,但是有个规则:你不能走回头路,而且只能摘一次。"于是柏拉图去做了。许久之后,他却空着两手回来了。苏格拉底问他怎么空手回来了,柏拉图说:"当我走在田间的时候,曾看到过几株特别大特别灿烂的麦穗,可是,我总想着前面也许会有更大更好的,于是就没有摘;但是,我继续走的时候,看到的麦穗,总觉得还不如先前看到的好,所以我最后什么都没有摘到……"苏格拉底意味深长地说:"这,就是爱情。"这个故事可以理解为:爱情的得与失,并不那么简单。试想:如果柏拉图采回了麦穗,他的内心感受是怎样的? 也许他会觉得采下的并不是最好的,或者为他认为最好的麦穗很快会干枯而担心……究竟是摘到了好,还是没摘到好? 摘到哪一株最好呢? 这真的是一个深奥的哲学问题啊! 我们不妨跟孩子一起读读经典童话作品《海的女儿》。美丽的小美人鱼救了王子并爱上了

124

他,她放弃了海底自由自在的生活和300年长寿的生命,失去了美妙的歌喉,忍受了把鱼尾变成人腿的巨大痛苦。可最终王子娶了邻国的公主,小美人鱼扔掉了杀死王子拯救自己的刀子,化为白色的泡沫。这是个美丽而凄婉的童话故事。小美人鱼对王子是真爱,她牺牲了许多,却无法向王子说出实情、倾诉爱情,最终还献出了生命。小美人鱼用生命诠释了全身心付出而不求回报的爱,别说回报,对方甚至毫不知情。我们同孩子一起想想:这样的爱,是得是失?看上去,失去了所有。但细想想:小美人鱼告诉了我们高尚的爱的真谛——爱是付出,不是占有;看到自己爱的人幸福,是自己最大的幸福。当然,我们并不是提倡孩子们去做小美人鱼,但可以引导孩子们从这个故事中寻求"爱的得与失"的答案。多少因爱成仇的事中,我们看到为了占有爱、掌控爱的人引发的一个个悲剧。经典的文学作品,可以帮孩子们建立正确的爱情观。

刘瑜的《送你一颗子弹》中有这样一句话:"我有一个毫无根据的理论,并且对此深信不疑:一个人感情的总量是有限的,如果你把它给零敲碎打地用完了,等到需要大额支出的时候,你的账号就已经空了。"我深表赞同。希望我们对孩子的"爱情教育"能让孩子明白:爱需要一个成长的过程,为了它开出更美丽的花,我们要有耐心等待;有时不能得到自己向往的爱,或有些爱注定要失去,也是正常的,要有正视"得不到"和"失去"的勇气与智慧。

　　在"爱情教育"方面,我并不是专家,对于这个讨论"霸凌"问题回避不了的话题,希望我的经验可以引发家长和老师们的思考,而受益的,是一个个孩子。

第五章　做一个懂尊重会倾听的家长

　　在学习心理学时,有这样一个感受性练习:尽量慢慢地品尝一粒葡萄干,想想它来自哪里,在成为一粒葡萄干之前,经历了怎样的过程,体会它带给你的丰富感受。我在把葡萄干放在舌上,慢慢品味时,联想到了果实和树木。对于一株植物来说,果实如同孩子,树木如同父母。果实是否饱满、甘甜,取决于来自树木的营养输送是否充足。我们的教育也是同理。在孩子成长的过程中,尤其是从婴幼儿到青少年的过程中,父母是孩子的能量来源,很难想象:父母的能量不足,或是满满的负能量,孩子却充满正能量。为了孩子,家长朋友们要努力积聚自身的能量,这份能量,就是爱! 当我们的内心都是满满的爱时,才能给孩子充分的爱。

　　爱,口头上说说不算,它是行动,是需要艺术的。从我们分析各个年龄段的孩子如何应对校园霸凌的内容中,我们可以看到共同的一点:父母对孩子一定要懂尊重、会倾

听。这就是爱的艺术。

第一节　从孩子幼时做起

在孩子还是婴幼儿时,一定要避免"贴标签"式的思考方式。家长关注孩子,要学会变换距离。对于婴幼儿,我们对他们的关注距离往往太近。想想看:如果你把手机贴近自己的脸,拍一张照片,照片上呈现的是什么?皱纹、斑点,让人不忍直视。可这样的照片,并不能反映你的全貌呀!对于孩子,家长要有"距离意识"——太近了,容易判断失当,关心则乱,一不留神,就给孩子"贴标签"了。

比如一个妈妈,看到四个月的宝宝被突然的声音吸引,就担心孩子"专注力不好"。其实四个月正好是宝宝开始"耳聪目明"的月龄,有这种反应太正常了。可妈妈联想丰富,不自觉地给小宝宝贴了标签。

这种思考方式其实在我们生活当中很常见,把孩子的一些行为,不管三七二十一地总结提炼成一个"缺点":

可能是随口的抱怨:你这孩子,衣服、玩具到处乱放,总这么邋遢;

可能是尴尬之余的解释:我们家孩子,就是腼腆,不敢大声说话;

可能是故作谦虚:我家孩子哪儿都好,就是做事总马

马虎虎不认真;

可能是苦口婆心的规劝:你这爱发脾气的毛病能不能改一改;

也可能是厉声地训斥:你怎么总是磨磨蹭蹭的,不知道快迟到了吗;

还可能是某种推卸责任:我家孩子就是手欠爱打人,你们别招惹他;

……

这些话,我们都不陌生吧? 孩子还没怎么接触世界,就已经浑身贴满了负面标签,这实在不是一个好的人生开端。

首先,我们要明白孩子在婴幼儿时期做出看似不好的行为,往往是阶段性的。作为家长,要了解孩子在不同阶段的心理、成长特点,比如:

7个月左右孩子会开始出现生人焦虑,见到不熟悉的人看一眼就哭,不必解读为"胆小怕生";

一岁左右的孩子进入手的敏感期,喜欢摔东西、打人、搞破坏,不必解读为"手欠"甚至"有暴力倾向";

两岁左右的孩子进入叛逆期,自我意识强烈,情绪控制能力不好,喜欢和大人作对,不必解读为"不知好歹,爱发脾气";

语言学习期的孩子会有脑子跟不上嘴巴的现象,说话重复和停顿多,不必解读为"结巴";

两岁左右的孩子开始有物权意识,自己的东西不让别人碰,不必解读为"自私";

……

凡此种种,都是阶段性的行为,它们证明了孩子的成长。家长只要稍加引导,淡化处理,过了这个阶段,这个阶段的行为就会逐渐消失。不要轻易给孩子贴标签,反而限制了他(她)今后的无数可能。

我家的几个亲戚的孩子在长大的过程中就有这样的经验教训。小时候被家长夸赞"嘴甜""不怕生"的 W,长大的过程中从不怯场,跟谁都"自来熟";从小被家长认定"腼腆""内向"的 J,一直寡言少语,高兴了就呵呵一笑,不高兴就把自己关在屋子里生闷气;小时候被家长认定"顽皮""手欠"的 Z,越来越任性,听不进意见。而虽然亲戚们不停给贴标签,但爸爸妈妈能淡化处理的 S,小时候顽皮活泼,上了初中后,渐渐自信稳重,现在学习时踏实专注,运动时灵活敏捷。

第二,孩子本身的性格特点并没有错。

一个人的性格不可能是完美的,就像光与影,总会是一体两面。敏感的孩子会胆小,钝感的孩子会鲁莽,内向的孩子会不善社交,外向的孩子又容易虚荣;活泼好动的孩子可能埋头学习的时候很少,如果孩子一味埋头学习,家长又会担心他(她)在运动方面太差。

父母切不可评判哪些性格为佳,哪些性格为劣,如果父母只想保留孩子性格中所谓"积极"的一面,却想把"消极"的一面剔除掉,强行纠正,不仅很可能是徒劳,而且容易让孩子产生自我否定与厌弃,陷入终身难以摆脱的自卑当中。

第三,切勿给孩子负面的心理暗示。有一位医生写了一本书,里面说有些患者有一种非常要命的习惯,就是就诊时先为自己做了"诊断"。譬如"最近我胃痛,应该是得胃溃疡了,我以前就得过";"最近我瘦得厉害,一定是得了糖尿病"……这种自以为是的"自我诊断",会干扰医生的判断,导致排查方向错误。对于人生经历一片空白的小孩子,父母对他们来说,就是神一般的存在,父母给孩子贴标签,孩子基本会全盘接受,然后慢慢地内化成了自我评价:我就是胆小,我就是邋遢,我就是爱打人……当他接受这样一个父母给予的"人设"之后,再有类似的不良行为,反而没有了心理负担,特别容易破罐子破摔——你也知道我从小就有这样的毛病,我也没有办法,我也控制不了! 于是,父母越是给孩子贴标签,孩子越是冲着标签头也不回地一路狂奔下去。

那么,不贴标签,该如何对孩子的错误行为进行教育呢?

(1)当孩子犯错误时,要对事不对人。告诉孩子,你打人是不对的,不要说,你这孩子怎么这么暴力啊;告诉孩子,你乱丢东西容易找不到哦,不要说,你怎么总是这么邋

遍,跟你爸一个样;告诉孩子,你把玩具弄坏了就不能玩儿了,不要说,你就是个破坏分子,你都弄坏多少件玩具了。对事不对人的说话原则,潜台词是:你是好孩子,爸爸妈妈爱你,只是你的坏行为需要改正。这种方式会让孩子在犯了错误时没有丢了自尊。只有他(她)不认为自己是"坏孩子",才有可能用"好孩子"的标准要求自己。

(2)修改你的词汇库。对于孩子本身的个性,尽量用中性的词语而不是负面词语来形容。比如胆小可以叫作"谨慎",脾气暴躁可以叫作"情绪容易冲动",迟钝可以叫作"不敏感",淘气爱闯祸可以叫作"精力过于充沛"……想想看,在我们的记忆里,有没有被父母不经意间贴了标签的时候?还记得当时的感受吗?那"标签"的影响持续了多久啊?说说我自己吧。好像大多数孩子都会经历那么一段时间,不愿意跟家里来的客人打招呼。在那段时间里,妈妈总是不好意思地跟客人解释,说我腼腆不爱说话。于是我深以为然,上课不发言,下课寡言少语,真正成了老师同学眼中"内向的孩子"。到了高中毕业,误打误撞报考了师范大学,起初非常担心登上讲台的时候会一句话也说不出来。后来,真正登上讲台时,发现自己是那么适合这个小小的"舞台",那么热爱这方小小的天地。"说话"竟然成为我终身的职业。我们的父母那一辈人,习惯了"严于律己""当面教子"等思维模式,我们记忆深刻的,往往是父母严厉地指出我们的缺点,勒令改正。现在,时代的发展让我们认识到那样做有弊端，但不知不觉中会沿袭父母的思维方式。所以，我们还是要有意识地改变这种思维模式。汉语博大精深，同义词、近义词很多，在形容孩子的性格特点时，精挑细选一下，不要挑负面的词语打击孩子。

（3）行动比语言更重要。对于纠正学龄期儿童的不良行为，语言的力量是十分苍白的。更好的方法，是实际的行动阻止。当孩子犯错误时，用行动阻止他（她）或者将他带离现场，告诉他（她）"不可以"，然后进行情绪疏导，直到孩子冷静下来，接着简洁明了地解释为什么不可以这么做并教给孩子正确的做法。做这一切的时候，情绪要尽量平静，态度温柔坚定，就事论事，不要指责训斥。

孩子遇到挫败会非常容易崩溃，为人父母要尽量客观，避免被自己的情绪控制，见招拆招，用稳定的原则和尊重的态度来解决争端，并让孩子在争端当中学会社会规则。一开始可能会很难，因为这一套你不熟悉，周围人也未必理解，但只要你坚持去做对的事，随着时间的推移，最终会显现出惊人的效果。规则终究会逐渐内化在孩子心中，不必提醒就会自觉遵守。

这样规则内化的人，就是一个有教养的人。

第二节 相信孩子在学校受到的教育

在孩子成长的道路上，他们从来都不是孤军作战。每个孩子周围,都有一个强大的支持系统,也可以叫能量系统。只是,我们一直对此缺乏认识,更缺乏寻求这个系统中方方面面的力量"协同作战"的意识。

　　家长要理智地给孩子的支持系统中各个角色进行定位,比如孩子的老师、班主任负责学校教育,父母负责家庭教育,孩子的其他长辈只在家庭教育中起辅助作用,同学则是同龄人中影响孩子的重要力量,等等。这些角色各司其职,如果界限不清,职责混淆,就终将由孩子来"买单"。如果孩子的支持系统中的每一种角色都尽职尽责,并且"协同作战",就形成了教育孩子的合力搭档,这是最理想不过的了。但这毕竟是一个自然形成的系统,不是有组织、有纪律的团体,我们无法控制除了自己以外的其他力量。而更要明确确立的一个观点是:不管外界的力量如何,受教育、不停成长的主体是孩子自己,所有的力量都是借助孩子才能起到作用,如果把孩子的成长用一个数字来表示,那么孩子是最前面的"1",其他力量是后面的"0",孩子如果没有主观能动性,再多的"0"也白搭。

　　在孩子的支持系统的所有教育力量中,老师、班主任是非常关键的因素。从社会分工的角度来说,教师是从事教育工作的专业人员;从孩子的角度来说,教师是他们除了父母、家人外,最信任、最尊重、最依赖的"重要他人"。但家长容易产生的认识误区是:所有的教育工作都是老师的事,孩子出了任何问题都是老师的责任。这样其实把教育孩子的责任完全推卸给了老师,既不承担家长作为"孩子的第一任老师"的教育责任,又忽视了孩子自身成长、向好的主观能动性。

这种情况具有一定的普遍性。在这样的关系中,家长对老师既有过度的依赖,又有诸多的不信任。想想看,后果是什么呢?老师这个职业,是在建造孩子们的灵魂大厦,它的坚固地基,就是家长们、孩子们对老师的尊重。古语云:"亲其师,信其道。"真的是真理。家长的依赖,加重了老师们的负担;家长的不信任,又动摇了老师们的信念。为此买单的,是老师和孩子,而终究将会是孩子们。

因此,请家长们相信学校的教育,相信老师们。我在中学从事一线教育工作已经二十余年了。我坚定地相信:绝大多数老师是非常敬业,值得信任的。当站在讲台上,面对孩子们一双双求知的眼睛的时候;当单独面对犯错误的孩子,看到他(她)或愧疚,或愤怒不服气,或故作淡定,心里明白他(她)内心其实只是个需要帮助的孩子的时候;当孩子们取得好成绩或有进步的时候……每一位老师都不会藏着掖着,讲授打折的知识,或进行虚假的教育。我们不否认教师队伍里有个别师德不合格的现象,但那一定是极个别的现象,不应该"一叶障目",由此产生"信任危机"。

我的一个同事给我讲过这样一件事:

一个初一的女孩和妹妹一起逛街。两个人边聊天边

走,经过一个地下通道。这时,一个老人从另一个方向走过来。那个老人穿着不大干净的旧衣服,一手拎着一个已分辨不出颜色的布制手提包,另一只手拿着一个小马扎,缓慢地走着。他找了一处比较干净的地方,放下小马扎,从手提包里摸索着什么。姐妹俩猜他会摆出一只碗或一个饭盒什么的。两人对视了一下,就开始从兜里寻找零钱。没想到,老人竟然拿出一块拼接而成的布铺在地上,接着取出几沓报纸,小心地在布上摆开。姐妹两个拿着零钱,有点不知所措。姐姐跟妹妹耳语了几句,妹妹转身走向通道出口。姐姐走过去,用四元零钱买了老人四份报纸。这时妹妹从另一个方向走过来,假装跟姐姐不认识,又买了老人四份报纸。两人分别走出通道,碰面后开心地大笑了许久。原来啊,姐姐的语文课本里有一篇课文,杨绛先生的作品《老王》。文章中的老王老实本分,靠蹬三轮为生。钱钟书和杨绛夫妇想帮助老王,但他们从不直接拿钱接济老王,而是想方设法照顾老王的生意。老师说过:这样做,既帮了别人,又让对方感到自己被尊重。姐姐记住了老师的话,也理解了杨绛先生的文章的深意,这次,她们选择了用让老人有尊严的方式帮助了他。

在学校的教育中,这样的例子每天都在发生。老师对孩子的教育是系统的,方向是明确的;老师对孩子的影响,更是点点滴滴,渗透于孩子的生活、成长的方方面面。

记得在2015年冬天,下了第一场雪后,气温骤降,地上的雪很快结了冰。下雪后的这一周,我们班是校园值周班。值周班的主要任务是清扫校园卫生。校园中有些地方还覆着硬硬的积雪,有些地方已经冻上冰了。孩子们有的拿着铁锹,有的拿着扫帚,有的推着垃圾车……手套戴上不灵活,摘了手冻得通红。分配的区域有积雪的小组,还能干起来;分配的区域有冰的,就束手无策了。说实在的,这一届的孩子格外不会干活。拿铁锹的孩子想铲冰,却根本不会使铁锹,笨拙地在冰上乱划,结果溅起几星冰碴儿,还专往自己脸上迸。别的孩子把手缩在袖子里,一边看,一边还哄笑几声。孩子们换了几回手,终于放弃了,都支着工具开始聊天。我看着这情况,着实着急。不是急着完成清扫校园的任务,而是着急这次劳动教育会徒劳无功。这时,我把各个小组的组长集中在一起,要求他们积极发现劳动能手,只要有一个会铲冰的,就让他当"师傅",培养"徒弟",然后分区域完成任务。一个生活委员推荐了一个平时"多动"加"话痨"的孩子 J,说他特别会用铁锹。我着实有点意外:那个让每科老师都头疼的"问题孩子"?他能行吗?我把他叫过来,对他说:"生活委员推荐你做教大家铲冰的'师傅',可以吗?"他笑着说:"老师,我一个人就能搞定,让大家回教室暖和暖和,上早自习吧。"我心里很感动,告诉他安排值周的目的不是让学生代替校工打扫卫生,而是对大家进行劳动教育,学会劳动,这也是人生必修课呢!他说:"老师,我明白了。"

我让各小组愿意学铲冰的男生都过来,看 J 示范。J 教大家拿稳锹,找准角度,屈一点膝,身体重心往下放,用力要均匀……我看到:孩子们都认真地看,跟着做动作。虽然,大家还做不到像 J 一样有技巧地铲冰,但互相帮着、提醒着,用了大半个早自习,还是把校园里的冰都铲起来了。这下,后面值周的班级就省事多了。

回到班里,我不失时机地开了个短班会。我问孩子们:"占用了早自习扫雪铲冰,大家觉得浪费时间吗?"孩子们齐声说:"不觉得。"我问他们:"我们班值周,正好赶上刚下完雪,又降温,有的同学说真'点儿背',我们还占用了早自习的时间扫雪铲冰,大家现在的感受怎么样?觉得'点儿背'吗?"孩子们的脸冻得红扑扑的,都微笑着摇头。我又问:"通过这次的劳动,大家怎么理解'劳动最光荣'?"孩子们纷纷举手回答这个问题。有的说:原来不会干活,今天长本事了;有的说:一个人干,大家看,不好受,齐心协力干活的感觉真带劲儿;有的说:原来对 J 不遵守纪律有看法,今天发现 J 在劳动中真是一把好手,服了;有的说:原来不明白劳动有什么意义,今天发现打扫了校园,方便了老师们和同学们,很有成就感呢;有的说:不为了奖励,不为了给谁看,去进行有益于大家的劳动,心里特别舒服;也有的说:以前做不到的,或者以为自己做不到的,现在做到了,自信心都提高了……我听着,欣慰着,这才是我们教育的目标——培养会学习、会劳动还会思考的新时代的青少年!

在校园中,在每一个孩子的周围,在孩子成长的道路上,一直都有许多这样的教育工作者,陪伴、教育着孩子们。家长朋友们要相信学校的教育,相信孩子身边的教育工作者们。家长和学校携手,支持孩子,构成孩子的支持系统,孩子会充满能量。

第三节　学会尊重和倾听

在学心理学的过程中,我发现了人与人交往的两件法宝:尊重和倾听。相信家长朋友们都认可这个说法。只是,有些家长在与孩子交流时,忽略了孩子也需要被尊重,或者,不清楚怎么做到尊重孩子。而在家长与孩子的交流中,孩子更多处于"听话"的角色,很多家长可能也一味"训话",忽略了倾听。

家长怎么做到尊重孩子呢?

首先,提前了解大多数孩子在成长的不同阶段的心理特点。家长看待孩子,首先会受一些大家口口相传的说法的影响,认为"七岁八岁狗也嫌"、青春期是危险期等等。这些说法有一定的道理,告诉我们孩子在哪些特定的年龄段需要特别关注。但我们更需要进一步了解:这些年龄段究竟有什么心理特点?我们要如何帮助孩子?我建议家

139

长朋友们,可以看一些关于发展心理学的书籍,同时可以跟孩子的老师多交流。老师经常面对的是固定年龄段的孩子,对特定年龄段孩子的特点把握更准确。

第二,关注自己的孩子的个性发展。每个孩子都是独特的"这一个"。了解孩子的个性发展,是家长朋友的课题。如果有条件,最好每天有亲子交流的时间。多跟孩子聊聊他(她)开心的事,不开心的事。在交流中,允许孩子对他(她)经历的事表达情绪,家长一定少做或不做评判。如果不知道说什么,就抱抱孩子。当孩子跟家长无话不谈时,家长就可以发现并引导孩子的个性发展。

第三,家长生活工作中的点滴,也可以主动跟孩子交流。比如把家里的关系处理,工作中的困惑等,平和地讲给孩子,听听孩子的想法。我的心理学老师自己经营一个心理工作室,同时在学校中任心理课老师。她每天跟孩子讲自己的工作进展,讲学员、学生中发生的事,等等。她的孩子经常给她帮忙:给学员打印结业证书,给老师主办的年会当主持人、当摄影师,跟老师去北京参加心理学培训,等等。老师从不小看孩子提出的意见和建议,而在老师面前,她的孩子像个业务熟练的小助手。

第四,相信孩子。相信孩子都有"向上""向好"的强大的动力和能力。在一天天的忙碌中,我们对孩子的认识,有时会滞后于孩子的成长。经常听到朋友这么说:"好像昨天孩子还蹒跚学步呢,怎么今天已经这么高了!"是啊,孩子的成长如"春起之苗"——不见其增，日有所长。看到有的家长宠溺地称呼孩子"宝宝""臭蛋儿"，而"宝宝""臭蛋儿"已经人高马大时，不由得会有点想笑，又有点担忧。每个孩子都会经历青春期，不过对青春期中很多叛逆的行为，孩子们解释为"父母不懂我"。"不懂"，很多时候是缺少沟通，缺少深入的了解和忽视了孩子的成长。我的朋友相信孩子，孩子在小学就能在机场把所有手续办下来；我的老师相信孩子，孩子能在一群成人中毫不怯场；我的小姨相信孩子，我的表弟初中就独自乘飞机外出，长大后，在日本工作，在美国读研，足迹遍及全世界……

第五，学会道歉。告诉孩子，他（她）可以犯错，家长朋友也要允许自己犯错。自己犯错后向孩子道歉，这样做也教会了孩子道歉。家长朋友是成年人，成年人也会有情绪，也做不到永远理智、平和。这很正常。当我们表达情绪不当（比如发火）时，等自己情绪平复后，主动向孩子道歉，告诉他（她）自己没有控制好情绪，请求孩子原谅，而且，允许孩子暂时不原谅自己。当我这么做时，我特别感动，因为孩子往往比我们更宽容。

关键是要有尊重孩子的认识。有了这个认识，就会逐渐知道怎么做了。

那么，倾听有没有具体的方法呢？作为心理咨询师，做着"助人自助"的工作，他们通过倾听，往往要帮助来访者找到内心的英雄。他们倾听的方法，家长朋友们可以借鉴。

（1）虚心地听。家长朋友不要认为自己的想法、观点一定比孩子高明，把自己放在与孩子平等的位置聆听。

（2）清空自己既成的大道理。不要急着指教孩子，要多听少言，多问少评。

（3）用心陪伴。倾听孩子诉说的内容，分清孩子诉说的"事"和"情"，跟孩子理理发生了哪些事，孩子的感受如何。尤其在孩子说到自己的困惑时，家长朋友要设身处地地感受孩子的内心冲突。

（4）寻找孩子话语中的闪光点。尤其在孩子受挫、情绪消极的时候，家长朋友要习惯用积极的解释风格来分析孩子遇到的问题（具体方法见第三章第三节），尽量以赞赏的态度倾听孩子讲话，发现他（她）自身的力量。

（5）修改与孩子交流的口头禅。把"你懂不懂"改为"我说清楚了吗"；把"你明白吗"改为"我说明白了吗"；把"你就不能……"改为"你有没有想过……"；把"你怎么就……"改为"你能再想想看吗"；把"你没想过吧"改为"你经常这么想吗"；把"你干嘛这么死心眼儿"改为"我们还可以怎么想呢"；把"你真麻烦"改为"我真为你担心"。

（6）把孩子打造成英雄。每个男孩内心都有一个英雄，每个女孩内心都有一个公主。只是他们起初都在沉睡，需要我们唤醒。家长朋友要坚信这一点。并且不失时机地唤醒他们。

其实,倾听亦是对对方的尊重。被尊重、被倾听的孩子是自信的,内心也是强大的。

第四节　借助文学艺术的力量

韩寒说,我们懂得了那么多道理,却始终过不好这一生。在面对孩子的问题上,我觉得这句话可以换成这样的表述,那就是,我们进行了那么多努力——晓之以理,动之以情,斗智斗勇,却始终很难走进孩子的内心。在这一点上,我发现,一些作家做得很好。孩子的内心是单纯的,而真正的作家往往是像孩子一样拥有"赤子之心"的人,家长朋友们读一些文学作品,可以借助其更生动、细腻的语言,而不是理论书籍里冷冰冰的专业表述,了解到一些和孩子交往以及相处的原则和方法,真正地走近孩子,尽可能地与孩子的世界保持一份难得的"共情"。

关于作家和孩子心理结构的一致性问题,北京师范大学文艺学教授童庆炳做过完整的理论研究,在《作家的童年经验及其对创作的影响》一文里有这样的表述:"真正的作家的心理结构和儿童的心理结构有许多相同、相通和相似之处……"

所以,在这里我想结合童庆炳教授的研究以及我个人的经验,尝试引领大家换一个角度——从文学的视角走近

我们的孩子。相信,会给大家打开一扇窗。

1.《永远有多远》(节选) 铁凝

白大省吃吃地笑着,评论说"特像特像"。她欣赏我的表演,一点儿也没有因无意之中她变成了"法西斯"就生我的气,虽然那时她头上还顶着"白地主"的"恶名"。她对我几乎有一种天然生成的服从感,即使在我把她当成"法西斯"的时刻她也不跟我翻脸。"法西斯"和"白地主"应当是相差不远的,可是白大省不恼我。为此我常作些暗想:因为她被男生称作了"白地主",日久天长她简直就觉得自己已经是个地主了吧?地主难道不该服从人民么?那时的我就是白大省的"人民"。并且我比她长得好看,也不像她那么笨。姥姥就经常骂白大省笨:剥不干净蒜,反倒把蒜汁沤进自己指甲缝里哼哼唧唧地哭;明明举着苍蝇拍子却永远也打不死苍蝇;还有,丢钱丢油票。那时候吃食用油是要凭油票购买的,每人每月才半斤花生油。丢了油票就要买议价油,议价花生油一块五毛钱一斤,比平价油贵一倍。有一次白大省去北口买花生油,还没进店门就把油票和钱都丢了。姥姥骂了她一天神不守舍,"笨,就更得学着精神集中,你怎么反倒比别人更神不守舍呢你!"姥姥说。

在我看来,其实神不守舍和精神集中是一码事。为什么白大省会丢钱和油票呢,因为九号院赵奶奶家来了一位赵叔叔。那阵子白大省的精神都集中在赵叔叔身上了,所

144

以她也就神不守舍起来。这位姓赵的青年，是赵奶奶的侄子，外省一家歌舞团的舞蹈演员，在他们歌舞团上演的舞剧《白毛女》里饰演大春的。他脖颈上长了一个小瘤子，来北京做手术，就住在了赵奶奶家。"大春"是这胡同里前所未有的美男子，二十来岁吧，有一头自然弯曲的卷发，乌眉大眼，嘴唇饱满，身材瘦削却不显单薄。他穿一身没有领章和帽徽的军便服，那本是"样板团"才有资格配置的服装。他不系风纪扣，领口露出白得耀眼的衬衫，洋溢着一种让人亲近的散漫之气。女人不能不为之倾倒，可与他见面最多的，还是我们这些尚不能被称作女人的小女孩。

那时候女人都到哪儿去了呢，女人实在不像我们，只知道整日聚在赵奶奶的院子里，围绕着"大春"疯闹。那"大春"对我们也有着足够的耐心，他教我们跳舞，排演《白毛女》里大春将喜儿救出山洞那场戏。他在院子正中摆上一张方桌，桌旁靠一只略矮的机凳，机凳旁边再摆一只更矮的小板凳，这样，山洞里的三层台阶就形成了。这场戏的高潮是大春手拉喜儿，引她一步高似一步地走完三层"台阶"，走到"洞口"，使喜儿见到了洞口的阳光，惊喜之中，二人挺胸踢腿，作一美好造型。这是一个激动人心的设计，这是一个激动人心的场面，是我们的心中的美梦。胡同里很多女孩子都渴望着当一回此情此景中的喜儿，洞口的阳光对我们是不重要的，重要的在于我们将与这卷发的"大春"一道迎接那阳光，我们将与他手拉着手。我们躁

动不安地坐在院中的小板凳上等待着轮到我们的时刻,彼此妒忌着又互相鼓励着。这位"大春",他对我们不偏不倚,他邀请我们每人至少都当过一次喜儿。唯有白大省,唯她拒绝与"大春"合作,虽然她去九号院的次数比谁都多。

为了每天晚饭后能够尽快到九号院去,白大省几次差点和姥姥发火。因为每天这时候,正是姥姥出恭的时刻。白大省必得为姥姥倒完便盆才能出去。而这时,九号院里《白毛女》的"布景"已经搭好了。啊,这真是一个折磨人的时刻,姥姥的屎拉得是如此漫长,她抽着烟坐在那儿,有时候还戴着花镜读大 32 开本的《毛主席语录》。这使她显得是那么残忍,为什么她一点儿也不理会白大省的心呢?站在一边的我,一边庆幸着倒便盆的任务不属于我,又同情着我的表妹白大省。"我可先走了"——每当我对白大省说出这句话,白大省便开始低声下气而又勇气非常地央求姥姥:"您拉完了吗? 您能不能拉快点儿?"她隔着门帘冲着里屋。她的央求注定要起反作用,就因为她是白大省,白大省应当是仁义的。果然门帘里姥姥就发了话,她说这孩子今天是怎么啦,有这么跟大人说话的吗,怎么养你这么个白眼儿狼啊,拉屎都不得消停……

白大省只好坐在外屋静等着姥姥,而姥姥仿佛就为了惩罚白大省,她会加倍延长那出恭的时间。那时我早就一溜烟似的跑进了九号院,我内疚着我的不够仗义,又盼望着白大省早点过来。白大省总会到来的,她永远坐在一个不起眼的角落,虽然她是那么盼望"大春"会注意到她。只有我知道她这盼望是多么强烈。

有一天她对我说,赵叔叔不是北京户口,手术做完了他就该走了吧? 我说是啊,很可惜。这时白大省眼神发直,死盯着我,却又像根本没看见我。我碰碰她的手说,哎哎,你怎么啦? 她的手竟是冰凉的,使我想起了冰镇杨梅汽水,她的手就像刚从冰柜里捞出来的。那年她才十岁,她的手的温度,实在不该是一个十岁的温度,那是一种不能自已的激情吧,那是一种无以言说的热望。此时此刻我望着坐在角落里的白大省,突然很想让"大春"注意一下我的表妹。我大声说,赵叔叔,白大省还没演过喜儿呢,白大省应该演一次喜儿! 赵叔叔——那卷发的"大春"就向白大省走来。他是那么友好那么开朗,他向她伸出了一只手,他在邀请她。白大省却一迭声地拒绝着,她小声地嘟囔:"我不,我不行,我不会,我不演,我不当,我就是不行……"这个一向随和的人,在这时却表现出了让人诧异的不大随和。她摇着头,咬着嘴唇,把双手背到身后。她的拒绝让我意外,我不明白她是怎么了,为什么她会拒绝这久已盼望的时刻。我最知道她的盼望,因为我摸过她的冰凉的手。我想她一定是不好意思了,我于是鼓动似的大声说你行你就行,其他几个女孩子也附和着我,我们似乎在共同鼓励这懦弱的白大省,又共同怜悯这不如我们的白大省。

　　"大春"仍然向白大省伸着手,这反而使白大省有点恼恼的意思,她开始大声拒绝,并向后缩着身子。她的脑门沁出了汗,她的脸上是一种孤立无援的顽强。她僵硬地向后仰着身子,像要用这种姿态证明打死也不服从的决心。这时"大春"将另一只手也伸了出来,他双臂伸向白大省,分明是要将她从小板凳上抱起来,分明是要用抱起她来鼓励她上场。我们都看见了赵叔叔这个姿态,这是多么不同凡响的一个姿态,白大省啊你还没有傻到要拒绝这样一个姿态的程度吧。白大省果然不再大声说"不"了,因为她什么也说不出来了,"咕咚"一声她倒在地上,她昏了过去,她休克了。

　　很多年之后白大省告诉我,十岁的那次昏倒就是她的初恋。她分析说当时她恨透了自己,却没有办法对付自己。直到今天,三十多岁的白大省还坚持说,那位赵叔叔是她见过的最好看的中国男人。长大成人的我不再同意白大省的说法,因为我本能地不喜欢大眼睛双眼皮的男人。但我没有反驳白大省,只是感叹着白大省这拙笨之至又强烈之至的"初恋"。

　　那个以后我们再也未曾谋面的赵叔叔,他永远也不会知道,当年驸马胡同那个十岁的女孩子白大省,就是为了他才昏倒。他也永远不会相信,一个十岁的女孩子,当真能为她心中的美男子昏死过去。他们那个年纪的男人,是不会探究一个十岁的女人的心思的,在他眼里她们只是一群孩子,他会像抱一个孩子一样去抱起她们,他却永远不会知道,当他向她们伸出双臂时,会掀起她们心中怎样的风暴。

【走近孩子的世界】

铁凝的这些文字让我们更加走近了孩子的内心世界——起码,从一个孩子的视角来看,她笔下的文字记录的都是属于一个孩子的真实的内心世界。

就像《永远有多远》里所说的,绝大部分成年人永远不会相信,“一个十岁的女孩子,当真能为她心中的美男子昏死过去”,因为“在他眼里她们只是一群孩子,他会像抱一个孩子一样去抱起她们,他却永远不会知道,当他向她们伸出双臂时,会掀起她们心中怎样的风暴”。

孩子在感情世界里非但没有成年人想象的那么懵懂、无知,反倒因为他们心无杂念而可以爱得更纯粹,恨得更刻骨铭心,失落得也更惊天动地。孩子的一些行为,在我们成年人看来是好笑的,但是这并不代表他们内心的感受本身也是虚假的、可笑的,更不意味着我们可以像看待一个玩笑一样对他们的感受一笑而过。懂得并切实地认真对待孩子的爱、恨、痛苦与失落,这是我们走近孩子的第一步。

2.《一千张糖纸》_{铁凝}

那是小学一年级的暑假里,我去北京外婆家做客。正

是"七岁八岁讨人嫌"的年龄,加之隔壁院子一个名叫世香的女孩子跑来和我做朋友,我们两个人的种种游戏使外婆家不得安宁了。笑呀,闹啊,四合院到处充满我们的声音。

表姑在外婆家里养病,她被闹得坐不住了。一天,她对我们说:"你们怎么就不知道累呢?"我和世香相互看看,没名堂地笑起来。是啊,什么叫累呢?我们从没想过。累,离我们多么遥远啊。有时听大人们说,"噢,累死我了。"他们累是因为他们是大人呀。当我们终于笑得不笑了,表姑又说:"世香呀,你不是有一些糖纸吗,你们为什么不去找一些漂亮的糖纸呢,多好玩呀?"我想起世香的确让我参观过她攒的一些糖纸,那是几十张美丽的玻璃糖纸,被夹在一本薄薄的书里。可我既没有对她的糖纸产生过兴趣,也不觉得糖纸有什么好玩。世香却来了兴致,"您为什么要我们攒糖纸呀?""攒够一千张糖纸,表姑就能换给你一只电动狗,会汪汪叫的那一种。"

我和世香惊呆了。电动狗也许不让今天的孩子稀奇,但在二十多年前我童年的那个时代,表姑的许诺足以使我们激动很久。那该是怎样一笔财富,那该是怎样一份快乐?

从此我和世香再也不吵吵闹闹了。外婆的四合院也安静如初了。我们走街串巷,寻找被遗弃在犄角旮旯的糖纸。那时候糖纸并不是随处可见的。我们会追逐着一张随风飘舞的糖纸在胡同里一跑半天的;我和世香的零花钱都买了糖——我们的钱也仅够买几十颗,然后我们突击吃糖,也不顾糖把嗓子齁得生疼;我们还守候在食品店的糖果柜台前,耐心等待那些领着孩子前来买糖的大人,等待他们买糖之后剥开一块放进孩子的嘴,那时我们会飞速捡起落在地上的糖纸,一张糖纸就是一点希望呀!

我们把那些皱皱巴巴的糖纸带回家,泡在脸盆里把他们洗干净,使他们舒展开来,然后一张张贴在玻璃窗上,等待着它们干了后再轻轻揭下来,糖纸平整如新。暑假就要结束了,我和世香终于每人都攒够了一千张糖纸。

一个下午,我们跑到表姑跟前,献上了两千张糖纸,表姑不解地问:"你们这是干什么呀?""狗呢,我们的电动狗呢?"表姑愣了一下,接着就笑起来,笑得没完没了,上气不接下气。待她笑得不笑了,才擦着笑出的泪花说:"表姑逗着你们玩哪,嫌你们老在园子里闹,不得清静。"世香看了我一眼,眼里满是悲愤和绝望。我觉得还有对我的藐视——毕竟这个逗我们玩的人是我的表姑啊。

这时,我忽然有一种很累的感觉,我初次体味到大人常说的累,原来就是胸膛里的那颗心突然加重吧。

我和世香走出院子,我们不约而同地,把那精心整理过的糖纸奋力扔向天空,任他们像彩蝶随风飘去。

我长大了,每逢看见"欺骗"这个词,总是马上联想起那一千张糖纸——孩子是可以批评的,孩子是可以责怪的,但孩子不可以欺骗,欺骗是最深重的伤害。

我已经长大成人,可所有的大人不都是从孩童时代走来的么?

【走近孩子的世界】

正如作者在文章的结尾所说的:"孩子是可以批评的,孩子是可以责怪的,但孩子不可以欺骗,欺骗是最深重的伤害。"这篇文章总是让我想到另一个关于"曾子杀猪"的故事:曾子的妻子要去集市上买东西,儿子哭着要跟着妈妈,曾子的妻子为了安抚孩子,就欺哄孩子说只要他在家等着不烦妈妈,妈妈回来就让爸爸杀猪给他吃。孩子听了欣然地留在家了。等曾子的妻子从集市上回来,就看到曾子正准备杀猪。妻子慌了神就和曾子说,我不过是哄小孩子罢了,你怎么能当真呢?曾子却正色说道,父母就是孩子学习的榜样,如果做父母的欺骗孩子,那就相当于在教孩子不讲信用。说罢,曾子就真的杀了猪给儿子炖猪肉吃。

每次读到这个故事,我都不禁感慨于曾参的教育智慧。当然,这个故事的核心教育点在"诚信教育"上,而作家铁凝的这一篇《一千张糖纸》,侧重点却在于成年人无心的欺骗对孩子的内心造成的影响上。成年人——无论是家长还是老师,在和孩子交往时,绝对不能抱着"小孩子懂什么"的心理,对自己的言行无所约束。这样的言行一定会降低孩子对你的信任感和亲近感。而我们要知道,孩子在发生了一些难以言说的,他自己又不太会处理的事情之

152

后,一般情况下,他只会把事情告诉那个他最信任的人。而当我们丧失了这份信任,就很难在这些关键的时刻为孩子提供强有力的情感支持和方法指导了。

3.《羚羊木雕》张之路

"那只羚羊哪儿去啦?"妈妈突然问我。

妈妈说的羚羊是一件用黑色硬木雕成的工艺品。那是爸爸从非洲带回来给我的。它一直放在我桌子角上。这会儿,我的心怦怦地跳了起来,因为昨天我把它送给了我的好朋友万芳。

"爸爸不是说给我了吗?"我小声地说。

"我知道给你了,可是现在它在哪儿?"妈妈的目光紧紧地盯着我。我发现事情不像我想的那么简单。

"我把它收起来了。"

"放在哪儿了?拿来我看看。"妈妈好像看出我在撒谎。因为我站在那儿一动不动,低着头不敢看她。

"要说实话……是不是拿出去卖啦?"妈妈变得十分严厉。

"没有卖……我送人了。"我觉得自己的声音有些发抖。

"送给谁了?告诉我。"妈妈把手搭在我的肩膀上。

"送给万芳了,她是我最好的朋友。"

"你现在就去把它要回来!"妈妈坚定地说,"那么贵重

的东西怎么能随便送人呢？要不我和你一起去！"

"不！"我哭着喊了起来。

爸爸走了进来，听妈妈讲完事情的经过，他静静地点燃一支烟，慢慢地对我说："小朋友之间不是不可以送东西，但是，要看什么样的东西。这样贵重的东西不像一块点心一盒糖，怎么能自作主张呢？"爸爸的声音一直很平静，不过带着一种不可抗拒的力量。

"您已经给我了。"

"是的，这是爸爸给你的，可并没有允许你拿去送人啊！"

我没有理由了。我想到他们马上会逼我去向万芳要回羚羊，心里难过极了。他们不知道，万芳是个多么仗义的好朋友。

上幼儿园的时候我们就在一起。她学习很好，人一点也不自私。我们俩形影不离，语文老师管我俩叫"合二而一"。

上星期一次体育课，我们全班都穿上刚买的新运动衣。跳完山羊，我们围着小树逮着玩。一不小心，我的裤子被树权划了一道长长的口子。我坐在树底下偷偷地抹眼泪，又心疼裤子，又怕回家挨说。万芳也不玩了，坐在我旁边一个劲地叹气。忽然，她跳起来拍着屁股说："咱俩先换过来，我妈是高级裁缝，她能把裤子上的大口子缝得一点儿都看不出来。"

当时，我觉得自己得救了，就把裤子和万芳换了。后来，我听说为了这件事，她妈妈让她对着墙壁站了一个钟头。

"为什么你不说裤子是我的？"

她嘿嘿地笑着："我妈是婆婆嘴，她要是知道，早晚也会让你妈知道。"

我要把裤子换过来。她却满不在乎地说："算了吧，反正我已经站了一个钟头，要是再换过来，你还得站两个钟头……"直到现在，我身上还穿着她的运动裤。每次上体育课，看见她裤子上那条长长的伤疤，我就觉得对不住她。

昨天，万芳到我家来玩。我见她特别喜欢我桌上的羚羊，就拿起来递到她的手上说："送给你，咱俩永远是好朋友……永远！"她也挺激动，从兜里掏出一把弯弯的小藏刀送给我。

不知什么时候，奶奶站在门口。她一定想说什么，可是，她没有说。这时，妈妈从柜子里拿出一铁盒糖果对我说："不是妈妈不懂道理，你把这盒糖送给你的好朋友……那只羚羊，就是爸爸妈妈也舍不得送人啊！"我从妈妈的眼睛里看出了羚羊的贵重。她和爸爸一起看着我，像是在等待着什么。我知道事情已经无可挽回了，眼泪顺着我的脸颊流下来。屋子里静极了。奶奶突然说："算了吧，这样多不好。"妈妈一边递过糖盒一边说："您不知道那是多么名贵的木雕！"

155

　　我再也受不了了，推开妈妈的糖盒，冒着雨飞快地跑出门去。

　　我手里攥着万芳送给我的小刀一路走一路想，叫我怎么说呢？她还会像以前一样和我要好吗？一定不会了。我轻轻地敲了敲门。门开了，万芳伸出头来，一把拉了我进去。

　　"万芳……"我站在过道里不肯再往前走。

　　"你怎么啦？也不打伞，是不是挨揍了？"万芳奇怪地看着我。

　　"没有……"我慢慢从口袋里掏出小刀，"你能不能把羚羊还我……"我几乎听不见自己的声音。

　　万芳愣了一下，没有接小刀，只是咬着嘴唇看着我，我垂下眼睛不敢看她。

　　"昨天不是说得好好的，你怎么能这样呢？"

　　我努力不让自己哭出来。这时，她的妈妈从屋里出来了。看见我手里的小刀，又看看我们的样子，立刻明白了："万芳，你是不是拿了人家什么东西？"

　　万芳看了我一眼，跑进屋去。过了一会儿，她拿着那只羚羊出来了。她妈妈接过来一看说："哎呀！你怎么能拿人家这么贵重的东西呢！"她把羚羊递到我的手上，"好好拿着，别难过，看我待会儿揍她！"

　　我把小刀递到她的手上说："阿姨！羚羊是我送她的，都怪我……"当我抬起头来的时候，万芳已经不见了，她不

156

会再跟我好了……

我一个人慢慢地走在路上。月亮出来了，冷冷的，我不禁打了个寒战。路上一点声音也没有。忽然，我听见有人在喊我的名字，我回过头，只见万芳跑了过来。她把小刀塞到我的手里说："你拿着，咱俩还是好朋友……"

我呆呆地望着她，止不住流下了眼泪。我觉得我是世界上最伤心的人！因为我对朋友反悔了。我做了一件多么不光彩的事呀！

可是，这能全怪我吗？

【走近孩子的世界】

这篇文章是初中语文课本中的一篇课文。孩子的为难之处在于，在父母看来，孩子和万芳之间的这一点友情完全可以用一块点心、一盒糖果来表达，而不是一只名贵的木雕；而在孩子看来，木雕也只是木雕而已，和万芳的小藏刀没什么区别，因为它们都象征着自己和同伴之间的友谊。父母要求孩子把木雕要回来是因为木雕的名贵，而孩子不愿意把木雕要回来则是因为友谊的珍贵。

关于成人与孩子的思维方式在这一点上的差异，《小王子》里有一段经典的表述："这些大人们就爱数目字。当你对大人们讲起你的一个新朋友时，他们从来不向你提出实质性的问题。他们从来不讲：'他说话声音如何啊？他喜爱什么样的游戏啊？他是否收集蝴蝶标本呀？'他们却问你：'他多大年纪呀？弟兄几个呀？体重多少呀？他父亲

挣多少钱呀?' 他们以为这样才算了解朋友。如果你对大人们说:'我看到一幢用玫瑰色的砖盖成的漂亮的房子,它的窗户上有天竺葵,屋顶上还有鸽子……' 他们怎么也想象不出这种房子有多么好。必须对他们说:'我看见了一幢价值十万法郎的房子。'那么他们就惊叫道:'多么漂亮的房子啊!'" 当然,举这个例子并不是要苛责我们成年人童心的丧失,因为成年人生活在一个复杂的现实世界,每个人都有属于自己的困境,数字化的、现实化的、功利性的考量有的时候也是生存的必须,但至少,通过这两个文学作品,我们可以看到孩子思考问题的角度和成人世界的差别,孩子有着一个和成年人不同的世界,相比理性的、冷冰冰的数字和物质的得失,孩子更看重也更能忠于自己的内心感受。

因此我们家长在处理校园霸凌问题时,除了要看到孩子在身体上、物质上的损伤,更要关注孩子在心理上的感受。法律手段也许能够解决物质上的纠纷,却无法治疗孩子内心的不安、惊恐与迷茫。校园霸凌真正的危害,往往是心理层面的。借助文学作品,我们也许能蹲下身来,更清晰地看到孩子的内心世界。

第六章　其他国家如何应对校园霸凌

我们必须认识到，校园霸凌现象不仅是我国教育领域目前存在的疑难问题，就世界范围内来看，校园霸凌问题有着一定的普遍性。比如在美国，受过校园欺凌的人数比例大约在 10%~13%，加拿大 6%，瑞典 10%，英国 39%，挪威 15%，德国 10%，所以我们可以发现，校园霸凌是一种跨文化、跨区域的现象，并不是我国中小学独有的现象。校园霸凌现象在各国都引起了高度关注。下面列举一些国家应对校园霸凌的举措，相信对我国应对校园霸凌会起到借鉴作用。

国外关于校园霸凌的预防总体来说分为三级。一级预防是通过教育等手段向学生传授非暴力的社交技巧和压力应对技巧。二级预防通过对有潜在行为症状的个体进行心理干预以避免其暴力行为的发生。三级预防则是指对已经卷入校园霸凌行为的个体进行心理干预，以期最大程度减小对其的伤害。

159

（一）日本

日本的校园霸凌现象非常严重,中小学生苦于被同龄人孤立而自杀的案例屡见不鲜,这样的情况在《关于莉莉周的一切》《告白》和《家族游戏》等影视作品里都有体现。尽管日本早在 20 世纪 80 年代起就开始制定国家层面的校园霸凌对策,但却见效甚微。而直接推动日本反校园霸凌法案机制建立的契机,则是 2011 年大津市中学生自杀事件。

"追忆生命日"

2011 年,日本大津市一名初二男生长期受到三名同年级学生的欺凌,他被要求吃下蜜蜂尸体,还被捆绑起来塞进柜子,甚至是被强迫偷窃,以及被逼从窗户跳下进行"自杀练习",这名男生最后不堪折磨选择了自杀。然而,学校明知是校园霸凌,却联合大津市教育委员会一同对外隐瞒。

案件曝光后,当地警署对学校进行强制调查。大津市长组织设立了由相关专家、退休法官等专业人士组成的"第三方调查委员会"。警察获得关键证据,证明学校知晓校园霸凌但未阻止。最后,调查委员会认为,校园霸凌是导致该名学生自杀的直接原因。

这一事件在日本社会引起了巨大反响,社会和媒体认

160

识到教育体制的缺陷和防止校园霸凌的紧迫性,各界人士呼吁政府制定更加有效的应对措施和监督机制,明确学校和家长的职责,防止相关部门推诿责任、包庇隐瞒真相,以免重蹈大津中学生自杀的悲剧。

从那以后,当地中学将每月 11 日设为"追忆生命日",全校学生通过集会的方式,共同感悟生命并加强相互间的同学情谊和朋友意识,以此防患于未然。日本政府也要求全国各中小学利用多种多样的教育实践活动,培养学生丰富的情操和道德心,使学生学会感恩生命、相互理解。

将防止校园霸凌问题法制化

2011 年大津市中学生自杀事件曝光后,在强大社会舆论的推动下,2013 年 6 月,日本国会通过了《防止欺凌对策推进法》,首次将防止校园霸凌问题法制化。该法适用于小学、初中、高中和中专学校,法律规定学校必须创造让青少年安心学习和开展其他活动的环境,教导学生不在校园内外欺凌他人,遇到霸凌事件时不沉默。

在该法案的引领下,日本文部科学省及各地方政府纷纷出台防止霸凌的方案举措,明确了国家、地方政府、学校和家长的职责,形成了一套自上而下、社会联动的应对措施。比如,学校需积极协助家长和地方居民,通过加强与社区的合作,确保学校周边的良好风气;如果居民发现有霸凌事件在校外发生,应及时告知学校,方便学校第一时

间进行处理。比如，学校老师要随时关注学生动态，如果有霸凌事件，就要将这件事记入"学生指导卡"里，在所有教师中共享信息；同时，班主任和学生之间通过"生活记录笔记"沟通，如果有值得留意的地方，该笔记也会被全体教师共享，让所有教师关注事态，在必要时联系该学生的家长，多方合力解决问题。

24小时免费求助热线

2013年6月，日本文部科学省设立了全国统一的24小时免费求助热线"0120-78310"，以确保家长和学生可以随时咨询校园霸凌问题并获得帮助。在日语中，"78310"这五位数字的谐音与日语"诉说烦恼"发音相似，容易让人记住。如果有学生打这个电话进行投诉，相关工作人员会将电话接到当地的教育委员会咨询机关，咨询机关记录投诉后进行调查，并根据霸凌事件的实际情况进行处理。同时，当地教育委员会与儿童商谈所、警察、临床心理医师等进行协作，启动救助程序，解决霸凌事件，避免悲剧发生。

（二）英国

学校是防止校园霸凌的核心

英国政府认为，学校是校园霸凌发生的主要场所，是防止校园霸凌最直接最有效的主体。因此，英国多项法令都将学校放在防治体系的核心位置,并规定各校必须制定强有力的反霸凌政策,以此预防和应对一切形式霸凌事件的发生。

当霸凌事件发生时,学校教师有权在校内和校外对学生进行管教。学生一旦出现法律禁止的行为,校长即可依法处以课后留校或停学处分,不予宽贷,以遏止类似行为发生。同时,学校有责任教育和辅导问题学生,学校可以成立短期的支持辅导班,为问题学生开展专项特殊教育课程,协助其改善学习、管理情绪、矫正行为。如果问题学生在接受特殊教育课程后没有改善,学校需考虑引入外部资源,实施行为辅导支持方案。在该方案执行前,学校要与学生家长面谈,使他们了解在此方案实施过程中应有的认知和责任。

家长需签署"教养契约"

当学校发现学生有严重偏差行为时,在执行任何课程方案之前,都要与家长签署"教养契约",以督促家长履行教育监护责任。当地教育部门和学校要确保家长清楚地了解,学校绝不会容忍霸凌行为,以此建立家长对学校的信心,让家长在家里对孩子进行品行教育,将家长的力量纳入反霸凌行动。

如果学生因霸凌等偏差行为被永久停学或在一年内被定期停学两次以上,地方教育局或学校可向法院申请,

对该学生的家长发出"教养令",要求家长共同担负起改善学生偏差行为的责任。"教养令"要求家长参加教育辅导课程,并配合学校的特定教育要求,改善学生行为,课程经费由地方教育局支付。对于违反"教养令"的家长,学校可移送治安法院裁决处以罚金,每次最高为1000英镑。

"转介学校"帮助矫正被停学的学生

针对因偏差行为而被停学的学生,从停学第六天开始,该名学生应接受地方教育局提供的替代教育服务,继续接受教育。此类替代教育服务由非营利组织、企业及私立学校提供,经过政府认可,其中被选择最多的就是"转介学校"。"转介学校"由专职教师负责,配有教学助理和学习指导员,他们根据学生的个体差异与需求,提供全日或半日的教育服务。"转介学校"对国家课程内容进行了一定调整,将课程重心放在基本学科能力和改善学生行为方面,一段时间后,"转介学校"会对学生进行评估,符合标准的学生可转回普通学校,否则继续接受培训,直至达标。

网络匿名举报平台

2016 年,英国政府开发了以网络匿名举报平台"tootoot"为核心的新项目,以应对校园霸凌问题。网络匿名举报平台是专门为遭受欺凌的青少年群体提供 24 小时服务的在线平台,举报者可以通过上传霸凌实施者的照片来叙述事件的来龙去脉。而且举报结果只会被举报者学校里的教师看见,保证了信息的安全性和隐私性,该平台还有手机软件,可以在电脑和手机上同时使用,方便青少年和家长向学校报告霸凌事件。

(三)挪威

挪威是最早发起反对校园霸凌运动的国家之一。1978年,挪威学者欧维斯最先提出了"霸凌"这一概念,将其定义为"一个或几个人反复多次地遭遇来自另外一个人或几个人的消极行为"。1982年,挪威相继发生了3起被欺凌儿童自杀事件,挪威反校园霸凌研究以此为契机展开。2002年,挪威政府总理、全国教师协会、各区反霸凌联盟、全国家长协会和儿童监察员代表共同发表了《反霸凌宣言》,向霸凌宣战,正式结成全国反霸凌联盟,同时启动对霸凌的"零容忍方案",这也是世界上公认的较为成功的反校园霸凌方案。"零容忍方案"项目组编写了《方案指导书》,包括能够预防和阻止霸凌,构建亲子关系,促进家长、老师、学生和学校决策层共同合作的行之有效的措施。

"霸凌预警"为学生创造安全环境

霸凌预警的目的是创设一个能够识别攻击行为和防范霸凌的学校环境,并为学生量身打造一个由成人干预和过滤的安全区域。在该方案的指导下,学校的教职工利用

方案里的"筛选标准",识别学生的违规行为,及时纠正学生的行为偏差;学校还开设了相关的反霸凌课程,训练受欺凌者应付欺凌的能力以及培养旁观者的责任意识;为了建立教师的权威,值班教师会佩戴"零霸凌"的标志,穿上耀眼的黄色反光背心,在学校走廊、图书馆等地方巡视。

"欺凌干预":老师和"欺凌者"单独会谈

当校园内突发的霸凌事件进入预警识别状态后,"零容忍方案"的干预措施就要立刻启动。如果受害者首次遭遇霸凌,学校会召开会议,商讨干预对策,如指定心理教师跟进受害者,为受害者进行开导,传授其应对霸凌的具体步骤。随后,学校会通过强化学校反霸凌的态度,进而实现惩戒霸凌者的目的。教师先和每一个霸凌者单独会谈,单独会谈结束后是共同座谈,视严重情况给予他们警告处分。由于谈话是在短时间内连续开展,霸凌者之间无法互相串通,从而使谈话起到干预效果。若时机成熟,教师还会安排一至两次的调解,通过第三方的介入,双方在尊重的基础上,共同达成建设性的终止霸凌协议,从而在源头上终止霸凌。

（四）澳大利亚

"冲突解决教育"让孩子们在现实情境中学会解决问题

"你最近卷入了哪种类型的冲突？还有哪些人卷入这次冲突？冲突发生时你是忽略它，还是立刻做出反应，还是过一会儿才做出反应？其他人是如何反应的？冲突中你是否使用了暴力的语言或行为？冲突结束时有人受伤吗？……"这是澳大利亚小学生的一份作业，也是冲突解决教育的一部分。

根据中小学生的不同年龄特点，澳大利亚分四个年龄段实施相应的冲突解决教育，核心内容是认识冲突、沟通和感受、团队建设、冲突解决技巧、同伴调节、协商与和平。5岁至7岁的学生需要了解冲突可能发生的地方，明白冲突的问题是什么，知道解决冲突的做法，回顾自己曾经经历过的冲突。8岁至10岁的学生需要分析导致冲突的原因，什么使冲突变得更糟，以及存在偏见的可能性。11岁的学生要学习双方是如何卷入冲突的，什么会让冲突升级，并根据给定的冲突情境，尝试解决冲突并说明理由。12岁至15岁的学生要系统了解与家人、同伴或权威人士的各种冲突类型，尝试解决电影、电视或书籍中出现的冲突场面，掌握同伴压力、嫉妒偏见、拒绝服从等冲突的常见原因。

其中,教师最常使用的方法是训练学生对冲突情景的分析与尝试解决冲突的能力。教师会给学生设定场景,从而引导学生解决问题。比如弟弟看动画片影响了哥哥写作业,学生需要说出冲突的焦点,设想哥哥和弟弟在冲突中的感受,并指出兄弟两人应该怎样做;比如三个女孩在编排舞蹈的过程中有了分歧,学生要思考这些女孩怎么做才能冷静下来,并分别扮演冲突卷入者,用第一人称的视角陈述各自感受来解决这个冲突;再比如一群同学因为新同学的穿着而排斥她,对她粗鲁地说话,学生要分析情景,设置解决方案,并讨论如何执行。

(五)加拿大

"粉色T恤日"抵制校园霸凌

2007年,在加拿大的新斯科舍省,两名学生发现同班同学由于身穿粉色T恤而受到欺凌,他们出去购买了50件粉色T恤,分发给同班同学,由此向霸凌者传递一个信息:霸凌行为将不再被容忍。从那以后,每年2月底,加拿大的中小学生都会身着粉色T恤,走上市中心街头,打着标语,举着横幅,参加一年一度的全国性"抵制校园霸凌行为"的活动,即"粉色T恤日"。

在2012年的"粉色T恤日"活动中,加拿大温哥华当地的媒体采访了参加游行的学生和教师。一位名为米歇尔的同学说："在学校的专题交流会上,你可以勇敢地站起来抵抗欺凌者,或者学会如何解决你和朋友或欺凌者之间存在的问题。几乎每天都有人被欺凌,这一行为必须得到重视,你需要在清晨醒来时有安全感。"林恩是温哥华的一名教师,她认为重要的是尽早发现霸凌行为,帮助欺凌者找出其威胁他人行为的原因:"通常这些人本身存在某些问题,我们帮助他们学会同情别人,了解别人的感受,让他们认识到没有人应该被欺凌。"

事实上,加拿大政府一直致力于改善基础教育的校园环境安全,学校也有较为完备的校园霸凌预防体系。学校设立安全校园行动小组,并明确规定了校长、教师、家长、社区的职责,学生则是整个体系的受益人。校长需要保障预防计划在学校顺利实施;教师将预防霸凌嵌入日常课堂教学中,以此树立良好的学校风气;家长需要及时识别孩子可能遭受欺凌的特殊表现,如孩子饮食习惯的改变、不愿上学等;社区也需要参与评估学校的环境安全,使得整个社会的成年人对学生起到模范引领作用。

(六)韩国

在韩国,政府出台了专门应对校园暴力问题的《关于校园暴力预防与对策的法律》,从法律层面对校园暴力进行了详细的定义、类型划分,并提出了相关处置流程和处置方案。目击校园暴力事件现场或听说校园暴力事件的

人向学校或警察机关等有关机构举报之后,校园暴力事件开始走法律程序。

一般情况下,发生校园暴力之后,学校自行调查的同时,侦查机关会单独进行调查,并根据调查结果来确定处置方式,必要时视情况提起民事与刑事诉讼。学校对校园暴力事件处置的主要法律根据为《关于校园暴力预防与对策的法律》。依据该法律,学校应组织校园暴力专门机构和校园暴力对策自治委员会。

首先,校园暴力专门机构受理校园暴力事件举报,向校长报告后进行调查。其次,专门机构的调查结束后,由校园暴力对策自治委员会进行审议,做出各种决定,并向校长发出请求。最后,校长根据校园暴力对策自治委员会的请求与校规,确定惩戒处分等。

如果加害学生拒绝或回避校长的措施,根据《初、中等教育法》和《初、中等教育法实施条例》,校长应当做出学校义务劳动、社会义务劳动、接受特别教育、停课、退学处分。此外,如果10岁周以上、未满14周岁的学生做出违反法律法规的行为,校长可以不经侦查机关,直接让法院受理案件,由少年法院(法院少年部)通过调查和审理,采取保护处分等措施。第一,如果少年部法官认定情节轻微,不能或没必要开始案件审理,那么训诫加害学生或告知监护人对加害学生进行教育之后,做出审理不开始决定。第二,如果少年部法官认定从审理结果来看,不能或没必要予以保护处分,则做出不处分决定。第三,少年部法官根据《少年法》第4条第1款,从审理结果来看,认定有必要予以保护处分,则做出下列处分决定:①向监护人或可以替代监护人保护少年的人委托监护(6个月,可延长6个月),②停课命令(100小时以内,12岁以上),③社会义务劳动命令(200小时以内,14岁以上),④短期保护观察(1年),⑤长期保护观察(2年,可延长1年),⑥委托少年保护设施进行监护(6个月,可延长6个月),⑦委托医院等少年医疗保护设施进行监护(6个月,可延长6个月),⑧移交少年监狱(1个月以内),⑨移交短期少年监狱(6个月以内),⑩移交长期少年监狱(2年以内,12岁以上)。第四,如果少年部进行调查或审理之后,发现可处以监禁以上刑罚的犯罪事实,并认定其动机与情节应受到刑事处罚,那么可以将案件移交给与管辖地方法院相对应的检察院。

(七)美国

在美国,校园霸凌问题也曾一度呈现出愈演愈烈的趋势。1999年4月20日,科罗拉多州科伦拜校园发生震惊全世界的校园枪击案,高中学生埃里克·哈里斯和迪伦·克莱伯德持枪以及爆炸物冲入科伦拜高中,连续枪杀12名学生和一名老师,伤及20余人,之后自杀。事后的调查表明,科伦拜高中的霸凌现象非常普遍,两名杀人者都是霸凌的长期受害者。

171

美国特勤局和教育部的共同调查表明,科伦拜校园事件的发生绝非偶然。在此之前的 37 起校园枪击案中,有三分之二的攻击者之前都曾遭遇霸凌,美国校园霸凌的严重性无法再被回避。在科伦拜校园事件中,走上杀人之路的是忍无可忍的被欺凌的学生。事实上,实施欺凌的学生犯罪率更高。他们甚至携带枪支到校,参与吸毒、抢劫、斗殴和偷窃等活动。据调查,到 24 岁时,实施欺凌的男学生中有 60% 被定过罪。

美国解决校园霸凌,从加强立法入手。1999 年佐治亚州第一个通过反霸凌法,到 2006 年 16 个州颁布了反霸凌法,2012 年这个数字升至 49 个。在 2016 年 4 月蒙大拿州制定反霸凌法后,全美所有州都制定了反霸凌法。

马萨诸塞州的相关法律强制所有学生每年学习反霸凌的课程,与此同时要求校方职工积极主动汇报霸凌现象,以期及早发现。新泽西州的反霸凌法鼓励学生匿名举报霸凌事件,加强教师的介入度,并且每年向中小学提供 100 万美元经费反霸凌。2013 年底该州相关的霸凌事件相比前一年减少了 36%。其他绝大多数州也不断通过立法来加强对学校暴力行为的预防和惩罚,使校园安全成为法律规定的政府目标,明确了学校在校园霸凌中的安全教育、管理和防范责任。

综观各州反霸凌法律,首先都降低了霸凌行为认定标准。校园霸凌不但包括动手打人、吐口水、故意推擦、拍裸照等行为,而且也包括言语辱骂、口头威胁和在公众场合故意嘲笑他人残障、种族、性别、性取向、宗教信仰等行为。另外,在社交媒体和网络上辱骂、攻击或披露同学隐私,也构成霸凌行为,通常称为网络霸凌。

其次,学校对校园霸凌行为采取零容忍政策。根据联邦政府的规定,学校必须提供举报霸凌事件的渠道;教职员工发现这类行为必须举报;学校对被举报的霸凌事件必须进行调查;学校须对实施欺凌者采取积极干预措施,视情况处置,轻者口头警告,严重者开除学籍。

第三,强化父母管教子女的责任。一旦发现学生的霸凌行为,学校马上要求该生家长开家长会;当未成年学生因霸凌行为而被送到青少年法院时,父母也要一起进入司法程序;法官在认定孩子霸凌行为与父母吸毒或酗酒等不法行为有关后,可以把孩子的监护权转移到寄养家庭;如果父母管教不当,法官会要求父母上训导课程,学习如何合法管教子女;倘若子女的霸凌行为造成他人受伤,父母必须承担相应民事赔偿责任。

第四,加强对霸凌行为的刑事惩罚。法院对未满18周岁的校园暴力涉案者常以辅导或者警告等方式处置,但是如果造成严重后果,而且施暴者还有前科,即使是未成年人涉案,也可以当作成人刑事案件审理,按成人标准定罪量刑。

第五,严惩霸凌同伙。为了有力遏制暴力犯罪,联邦

法律运用犯罪心理学"同伙壮胆"理论，设定"共谋杀人罪"。同伙即使没有直接参与杀人，也要与杀人者共同承担谋杀罪。这种"共犯连带"原则也适用于霸凌案件，帮凶也与直接欺凌他人者同罪。

为了防患于未然，美国学校把打击校园霸凌活动纳入日常活动之中。一方面，认真评估本校的"校园霸凌"情况，进行定期全面调查，认真收集和分析这类事件的发生频次、地点、时间和参与学生等，检查家长和学校的处理方式是否有效。另一方面，充分接触家长和学生，让整个社区一起参与，传达出"反校园霸凌"的强烈信号。学校成立"学校安全委员会"，负责反校园霸凌计划的制订和实施，使学校反霸凌工作到位。

根据本州法律和学校自身情况，学校也会出台一整套反对校园霸凌方案，其中包括目标陈述、行为法则、具体规则和报告体系等，形成"校园霸凌，零容忍"的强烈正向氛围，并积极培育"接受、包容和尊敬"的学校文化，张贴海报随时提醒所有人反校园霸凌，通过教职员工会议、全校集会、班级和家长联席会议、学校官方致家长信件、学校官网、学生手册等各种形式来创造安全环境。

当然，非常重要的是，学校会教育学生在遇到校园霸凌时该如何正确应对。①勇敢地直视对方的眼睛，并告诉他"你这样做是不对的，老师知道了会批评你的"；②逃离现场，不要让他们得逞；③跑不了的时候，保护自己，不提倡正面反击；④告诉老师或者你信任的长者,寻求帮助不是软弱的表现；⑤找到一个安全的地方,不要跟欺负你的人去私隐的地方；⑥和信任的伙伴在一起,结伴同行；⑦寻找新的朋友。

除了实施反霸凌法律之外,美国官方有专门的反校园霸凌网站和各类研究和预防校园霸凌的机构,很多公益性组织和专家也参与其中,旨在建立一套完善的防控体系。美国近年来也向部分州的学校派驻警察,除了维护学校秩序外,还负责督学工作。美国教育部门公布的最新报告显示,有了完善的法律制度后,发生在 12 ~ 18 岁孩子身上的校园霸凌事件在减少,2014 年大约有 22%的学生被欺凌,是 2005 年开始收集这类数据以来首次显著下降。

综合来看,世界各国应对校园霸凌的举措中,完善立法还是最主要也是最有效的策略,其次比较有效的辅助性策略包括社会组织、学校、家庭的联合积极预防、干预和介入。而就各国校园霸凌的整体情况来看,立法的完善需要一个过程。我国从国家到教育部门、从学校到各个家庭,对校园霸凌现象越来越重视,相信在不久的将来,一定会制定出越来越完善的法律法规。

第七章　了解社会组织如何介入校园霸凌

个案工作介入法——社会组织对校园
霸凌施暴者的行为矫正

1. 个案工作的定义

个案工作作为社会工作的三大方法之一,是指专业工作者遵循基本的价值理念,运用科学的专业知识和技巧,以个别化方式为感受到困难的个人或家庭提供物质和心理方面的支持与服务,以帮助个人或家庭减低压力、解决问题、挖掘生命的潜能,不断提高个人和社会福利水平。在个案介入过程中,秉承真诚助人、同理感受、乐于接纳、包容谅解、赞美不批判、价值中立等态度是建立良好关系的基础,而个案服务的成功离不开良好关系的建立与维持。

2. 从施暴者角度看校园霸凌的发生原因

①不能抵制诱惑,被部分"坏学生"带坏了,又因为有

人给"撑腰"，便专横跋扈。

②想用拳头来证明自己的实力，让别人都害怕、尊重他。

③吃喝玩乐没钱了，就找其他同学索要。

④受电视电影等的影响，成立团伙组织。

⑤被欺负得忍无可忍，奋起反抗。

⑥转移自身痛苦，发泄一下来自其他方面的压力。

⑦不良媒体对暴力行为的详细报道、刻意美化，让人们无形中学会了更多的手段和方法。

⑧学习压力比较大，生活沉闷，需要发泄一下。

调查表明，家庭环境、学校教育、社会因素的影响是引起校园霸凌的三大因素。

3. 被欺凌学生个人处理校园霸凌方式的调查

在个人处理校园霸凌方式的调查中，我们发现，选择"坚决反抗，他打我，我就打他，必须以牙还牙"的学生占42.16%，选择"早晚我会让他栽在我的手里头，找几个好伙计，计划报仇，君子报仇，十年不晚"的学生占25.13%。当这两类学生碰到校园霸凌的时候，就很容易导致校园暴力不断恶化升级、势态扩大化、问题严重化。

也有少部分学生选择采取"妥协，忍耐"的做法。8.23%的学生选择"忍，不告诉老师或父母"，5.55%的学生选择"花钱买平安，他要钱就给他好了"。当这两种类型学生遇到校园霸凌时，妥协和容忍的方式便会助长施暴者

器张的气焰,从而使得霸凌发生的程度和范围不断扩大。

此外,还有同学采取了其他方式,如"转学""让父母护送"。这类学生觉得只要自己没有参与校园霸凌,他们便会对此采取一种无视的态度,始终抱着一种"惹不起,躲得起"的观念。

4. 个案介入

①接案

2014 年 9 月 10 日,一名初一年级班主任带着一名女生 Y 走进学校个案活动室,向社工反映了 Y 的情况。Y 脾气暴躁,经常打骂其他同学,最近由于受到老师批评后一直有不满情绪,在水房打水时被其他同学挤占了位置,当场拿起装有热水的杯子倒向该女生,导致对方手部烫伤,并对其大声辱骂,通过这种不合理方式宣泄自己的不满。教师觉得无计可施,找到驻校社工请求帮助。

由于案主情绪激动、言语敏感,所以社会工作者以做调查为理由和案主进行交涉,初步对案主进行基本信息的了解和评估,争取与案主建立良好的专业关系。

社会工作者:宝贝,你好,很高兴见到你。

案主:你是干什么的?(表情冷漠、言语尖酸)

社会工作者:宝贝,我是社会工作服务机构的社会工作者,现在是咱们学校的驻校社工。

案主:嗯。(一直低着头,抠自己指甲)

为了谈话的顺利进行,消除案主的戒备心理,社工让

178

班主任先回避一下。

社会工作者:宝贝,以前听说过社会工作者吗,知道社会工作是干什么的吗?

案主:不知道,没听说过。(能感觉出案主回答时非常谨慎)

社会工作者:那就让姐姐来告诉你吧,社工就是为那些有需要的人提供帮助。

案主:(社工话音刚落)你们就是志愿者呗。

社会工作者:Y真棒,可以这么理解,但是还是有一定差别的。社工服务的领域更广阔,更专业一些,我们可以开展一些助人活动,为学生提供心理咨询与辅导。人们遇到不开心的事的时候,可以找社工倾诉,遇到困难的时候,也可以寻求社工的帮助。以后当你遇到不开心的事或者有其他烦恼的时候都可以来找我们。

案主:找你们也不起作用,浪费感情。(显得十分不耐烦)

社会工作者:宝贝,现在机构在做一项关于青少年发展的调查,需要咱们每个同学的帮助,你能给予我们帮助么?

案主:你说吧,反正我是笨蛋、老鼠屎,只能给你帮倒忙。(很显然Y被老师同学冠以"笨蛋""老鼠屎"之名)

社会工作者:要对自己有信心!现在有两种情景模式,你尽量把自己融入进去。一是当你的老师因为你的小

动作,在课堂上批评了你,你会怎么想?

案主:无所谓,挨批评已经习惯了……(过了一分钟)我肯定会很生气,我知道老师因为我成绩不好,一直对我有意见,总是找我毛病,让我在同学面前出丑,我肯定会骂他并且更加频繁地使用小动作,他越训我,我就越不老实。(情绪比较激动)

社会工作者:嗯,好的。那咱们进行下一个情景模式。当你在校园里被一个急匆匆的同学撞了一下,这个同学继续向前走,没有和你说声抱歉。此时,你会怎么做呢?

案主:这样的话我会冲上去破口大骂,如果他回来反击,我会扇他两巴掌,我觉得没必要和这种人多说话,看着就烦,本来就是他先有错。

社会工作者:宝贝,那你想过没有,这个同学或许有急事要去办呢? 比如说:他可能肚子不适急急忙忙去厕所,可能老师叫他有事让他赶紧去办公室……

案主:(低头不语,随地吐了一口痰)

社会工作者:(继续引导)宝贝,当你骂完别人,动手打了别人时,你会不会有种莫名的失落呢?

案主:会的。但我觉得我是不能被人欺负的。

社会工作者:那你想不想改变现状呢?

案主:我也想,但是每次事情发生时还是会控制不住。

社会工作者:宝贝,姐姐相信你,你肯定能改变,因为姐姐能感觉出来你是一个善良的小姑娘。那你愿不愿意参加我们机构的活动啊,我们机构非常欢迎你的加入哦。

案主:(露出笑容)愿意。

Y 是经过班主任老师转介给社会工作机构的,老师想通过社工机构来协助 Y 解决问题,所以 Y 是被动接受服务的。社工开始与案主谈话时,案主存在一些抗拒情绪,但是通过一番谈话后,Y 认识到社工机构的功能,特别是意识到了自己的暴力行为给他人和自己带来了困扰,有较强的求助动机。经过初步预估,社工认为 Y 存在暴力行为,这种行为对他人已经产生了严重的影响,因此需要对其暴力行为进行矫正。社工认为可以提供服务,通过签订协议与 Y 正式确立了专业关系,双方承诺在整个服务过程中积极配合,一同努力,帮助案主缓解内心压力,舒缓情绪,矫正其暴力行为。

②个案工作预估

家庭情况:Y 的父母都是农民,在 Y 小时候搬到目前的居住地,靠做水果生意、打零工为生,Y 还有一个弟弟。Y 小学 1~5 年级学习成绩优异,名列前茅。在 Y 六年级时,妈妈查出患有尿毒症,需要长期接受昂贵的治疗,妈妈的这个病需要经常去医院,爸爸大部分时间都为妈妈的病操劳,妈妈没有了工作能力,爸爸剩下的时间都在忙着自己的生意以维持家用。Y 和弟弟的生活更多的是由奶奶照顾。Y 由于母亲的病情很受打击,而且父母对 Y 学习、生活等各方面的关心有所减弱,Y 的成绩开始下滑。升入初

中,Y开始了寄宿的学校生活,与父母见面沟通的时间很少,加上自我约束能力差,Y不仅学习成绩直线下降,而且经常不遵守纪律。有一次Y和同班同学发生矛盾,争执中便对同学大打出手。Y的父亲被通知去学校,学校处理完事情后,老师让父亲把Y带回家进行反省教育。此后Y仇视所有老师,认为老师戴有色眼镜对待学生。返校后,Y的表现让大家更加失望,她拉帮结派,打架斗殴,假期不回家,成为典型的"问题少年"。

老师评价:脾气暴躁,经常跟同学发生争执,发生矛盾纠纷时不能恰当处理,动不动就拳脚相向,依靠暴力解决问题。这个学生真的很让人头疼,不仅成绩差,而且她的很多行为让我们非常难以理解,经常影响整个班级的活动,作为老师我们很多时候很无奈。刚开始我们还对她挺关注,希望她能转变,后来发现不仅没有改变,反而她的行为更加严重,我们实在无计可施。

同学评价:

A:Y是个很奇怪的人,动不动就发脾气。

B:Y成绩很差,我不喜欢跟她说话,老师也不喜欢她。

C:挺害怕Y,上次不小心碰掉了她的课本,她随手就朝我背部打了几下。

D:她是个坏女孩,经常无缘无故就骂人,学习成绩也很差,老师让我们不能跟她多接触。

E:她是"大姐大",看谁不顺眼就收拾谁。

F：她很有姐妹义气，找她帮忙，能办的她都能给帮助。

G：她都敢跟老师顶嘴，跟老师反抗，有时候感觉她很洒脱，佩服她的胆量。

自我评价：我为什么就不能被老师关注，我也想得到周围人的关心，不希望被当作"问题学生"；同学们都用异样的眼光看我，他们越是瞧不起、看不惯我，我就偏要那么做，故意气他们。我有时候会提醒自己不要发脾气，不要用"武力"解决问题，但是在那样的场合下我还是会控制不住自己的情绪，不打不骂出不了气。

③案主问题界定与分析

案主的家庭环境问题：从小受到父母疼爱，对父母依赖性较大，母亲突然生病使她失去了关怀，Y 很受打击，觉得生活没有希望，不愿意跟父母交流。

案主与朋辈群体的问题：Y 内心渴望与朋辈群体交流和沟通，一旦这种需求得不到满足，就通过在打架的"战场"上来获得这种满足感，并且 Y 在交往中缺乏分辨是非的能力。

案主的心理状况：母亲的突然生病，使 Y 遭受巨大的心理打击，对生活不抱希望；在学校被老师认定为"问题学生"，讨厌老师说教的教育方式，遭受老师的冷落就自暴自弃；在同学们眼中她是只"刺猬"，不愿意与她接触，自己备受冷落，就通过打架斗殴的方式来宣泄自己的不满和怨恨。

④制定服务目标

第一,协助案主调适心理状态,重新拾起对生活、学习的信心。

第二,辨识案主的不适当行为,通过行为修正模式,学习和训练有效的人际交往技巧,主动改善其人际关系,形成新的行为方式,发展社会支持网络,促进其健康成长。

第三,与案主教师进行沟通交流,让他们认识到没有一种行为是天生偏差的,偏差是要定义的,希望教师对案主改变原有的认识,给予案主更多的支持,而不是"贴标签"。

第四,通过个案辅导,鼓励案主积极参与集体活动,以求改善师生关系、同伴关系。

⑤个案介入过程

第一次介入——面谈

社工和 Y 在学校个案工作室进行第一次面谈,面谈的主要目的是对自己过去的问题行为进行回忆,了解自我,明确任务,为下次访谈做准备。

社会工作者:宝贝,今天这件衣服真漂亮,非常适合你。(以轻松的话题进入今天的访谈)

案主:谢谢老师。(有些羞涩)

社会工作者:宝贝,今天咱们主要是回忆以前自己的不当行为,这里只有你和我,你可以想说什么就说什么,可以吗？

案主：好的。

社会工作者：宝贝真棒，那咱们开始。你还记得第一次打骂别人是什么时候吗？

案主：应该是七年级刚开学。

社会工作者：为什么要打她呢？

案主：因为有人说她在背后说我坏话，而她不承认。

社会工作者：那你是怎么打的她。

案主：晚自习放学后，把她叫到厕所旁边角落里，狠狠地踹了她几脚（案主无意识地抬起脚）并警告她以后再敢说我坏话我还整她。

社会工作者：那第二次呢？

案主：（犹豫一会儿）记不清了，也不记得打了多少次架了。（案主有些排斥回答）

社会工作者：嗯，好的宝贝，我们不提之前的，那最近一次还记得吗？

案主：这个当然记得，就是在水房我用热水把她给烫了，谁让她挤占我的位置。（案主对这件事还是很生气）

社会工作者：那你把开水倒向她是什么感受呢？

案主：我让她记着这个教训，以后见到我就不敢再插队了。

社会工作者：好的，我能理解你当时的感受。你是不是特别喜欢别人害怕你的感觉？让别人觉得你是特别强

大的？

案主：是啊。不过每次回过头来想一想自己会有种莫名的失落感，因为我的暴躁让很多人都不爱跟我交往，老师也讨厌我、冷落我。

社会工作者：那你是不是应该改变自己，改变一下你处理问题的方式呢？

案主：是的，我想改变，可是……

社会工作者：不用担心，你要相信自己，我也相信你。那老师交给你一个任务好吗？

案主：好的。

社会工作者：回去之后在自己的日记本上继续回忆一下以往的打人事件并简单记录下来，包括发生的时间、地点、强度等。老师相信你可以做得很好。

案主：好吧。

通过第一次谈话，社工对案主的行为表现进行了记录，但是由于案主有意回避中间阶段，没能顺利记录以往的打人事件。不过通过第一次谈话，社工明显感觉出案主认识到暴力行为是一种不理性的行为方式，期待自己有所改变。在谈话中社工也能感觉出案主对现在教育方式以及教师对案主的态度存在不满。

第二次介入——面谈

社会工作者：Y 你好，几天没见，精神不错哦。

案主:谢谢老师。这是上次你让我写的记录。

社会工作者:Y 你完成得很好,字也写得非常漂亮。(社工边看,边夸奖 Y)

案主:嗯。(低头微笑)

社会工作者:Y 过来,咱们一起看一下你写的记录(Y 坐的距离离社工较远)

案主:(向社工这边挪了一下凳子)。

社会工作者:Y 看了自己写的这些有什么感受吗?

案主:我觉得不是自己干的,我不会有暴力行为的,就是有也是别人先惹的我,我就是以牙还牙而已。(案主说话声音变大,情绪有些激动)

社会工作者:(社工待案主情绪稳定)你觉得被骂的,被打的人会疼吗?

案主:会的。

社会工作者:是啊,因为我们每个人都是不同的个体,所以你不会知道被打的人的感受,所以当你动手时你无所顾忌,但其实被打的同学很伤心的。

案主:哦。(低着头)

社会工作者:Y 抬一下头,看着老师的眼睛。

案主:(抬头不语)

社会工作者:(继续引导)在你们这个阶段,冲突肯定避免不了,但是我们应该以合理方式去解决,而不是以武力证明自己有多强大。

187

案主:嗯。

社会工作者:你想变成"刺猬"吗,姑娘?你肯定不想。在花一样的年纪我们就应该用花一样的姿态去生活。

案主:是啊,我其实很想得到关爱,得到友情,得到肯定。

社会工作者:这些都很简单,只要你改变,这些都会有的。

案主:好的,我该怎么改变呢?

社会工作者:首先你自己要先改变,这是最最重要的。其次我们会给你最大帮助。

案主:嗯,我知道了老师。

通过第二次面谈,社工与案主完成了第一次会谈中没有完成的任务,分析每次暴力事件中案主的行为,对他人的影响及自身感受,了解案主暴力行为的类型、指向性、发生的频率、严重程度(以便与治疗后的情况进行比较)。并且让案主自己意识到自己想要改变的重要性,为以后的活动顺利进行提供充分的条件。

第三次介入——进行角色扮演游戏

Y 像往常一样来到个案工作室,主动和社工打了招呼,不再表现得那么冷漠,脸上的表情比以前丰富。这次访谈开始时我们谈了 Y 这一周的表现及对上次面谈的自我反馈,并且讨论了本次活动的一些内容。社工准备用角色扮演疗法来对 Y 开展个案活动。

社会工作者:Y,通过两次访谈,我已经真正感到你的努力和进步。今天我们用角色扮演的方法来体验不同的情绪。

案主:角色扮演?

社会工作者:嗯,就是把身份互换一下,就像小时候玩的扮演爸爸妈妈。今天我就来扮演施暴者的角色,你来演受害者的角色,我们来试一下好吗?

案主:嗯,试试看吧。(案主点点头,有点忐忑)

社会工作者:好,我们现在开始进行角色扮演,你现在把你自己当作受害者,我就是施暴者,在我们的练习中你要用心体会你的感受。

案主:好的,开始吧。

社会工作者:Y 你真是个笨蛋,学习不好,还总是爱出风头,看我怎么收拾你。

案主:我怎么爱出风头了。

社会工作者:(对着 Y 说了一些侮辱性语言)

案主:(开始反击)

社会工作者:你敢犟嘴看我怎么打你的嘴。(社工做举手打人状)

案主:(听到施暴者的话,案主朝后撤身)

社会工作者:(顺手拿起事先准备的一只玩具娃娃,攥起拳头对着这只布娃娃使劲打去)

案主:(有些受惊吓)

社会工作者:(继续朝着这只玩具娃娃使劲捶打)

案主:(继续后退,身体颤抖,突然对着施暴者大喊"为什么要打我,凭什么要打我,我又没招惹你们")

社工停止了游戏,上前去扶了一下Y。

案主:哦,老师,我没事。

(双方都沉默了一会,平复了一下刚才的心情)

社会工作者:Y,咱们先暂停一会,能不能告诉老师你刚才的心情。

案主:我刚才很害怕,我很想去证明自己真的没有做错,但我还不敢开口,我怕拳头真的会打过来。我感觉真的很无助,很委屈,自己太渺小了,无力解决刚才的状况。

社会工作者:Y不要害怕,这只是个游戏,我很高兴你能投入到刚才的角色并能说出自己的感受。

案主:嗯,还是有些害怕。

社会工作者:Y,这次你能体会到被害者的感受了吗?

案主:嗯,想到自己以前总是用武力解决问题真是太幼稚,受害者原来需要承受这么多心理压力。

社会工作者:对啊,我刚才用娃娃代替了你,如果直接打在你身上你会疼吗?

案主:会疼,并且心里会很难受。

社会工作者:你以前施暴都是直接打在别人身上,别人会疼吗?

案主:会的。

社会工作者:嗯,Y以后不管遇到什么事情都要三思而后行,仅仅用暴力去解决问题是万万不可行的。

案主:嗯,老师,我知道了,我以前总是觉得自己很厉害,别人很害怕我,其实我错了。

社会工作者:对啊,Y。还有几分钟时间,还有什么想要跟老师说的吗?

案主:暂时没有了。

社会工作者:那好的,今天咱们就到这里吧,咱们一周后再见。

案主:嗯好的,再见老师。

这次访谈,社会工作者用了角色扮演法,让案主在熟悉的情境中扮演相反的角色,培养案主的移情能力,使案主深刻体验他人的情绪和情感,帮助她学会在生活中做出让步,做出互助、谦让等良好的行为,矫正自己的不合理行为。

第四次介入——开展厌恶疗法

Y来到工作室,社工询问了Y这一周的状况,对Y这一周的表现有了大致了解。为了进一步纠正案主的暴力行为,这次活动为案主安排了厌恶疗法。所谓厌恶疗法就是利用条件反射原理,把令人讨厌的刺激与自己某种不良行为相结合,形成一种新的条件反射来对抗原有的不良

行为。

社工和案主说明白这种方法的作用,经过案主的同意后,在 Y 的手臂上缚上一圈很粗的橡皮筋,橡皮圈的松紧一定要适宜。社工告诉 Y,每当不合理想法出现时及无法控制冲动的时候,Y 必须要拉开橡皮筋,并且橡皮筋拉开一定的长度后才能放开手,让橡皮筋弹击手臂造成疼痛。如果辱骂或者施暴就要加大弹击的力度,并且记录每天的表现,社工监督,案主自己记录每天的行为。坚持一个月,如果有效,一个月后便可摘下橡皮筋,如果没有效果继续使用此方法。

第五次介入——行为代币制活动

上次面谈社工对案主使用了厌恶疗法,询问了案主一周状况。案主反映这种方法很好但是由于手臂因弹击而红肿,有过动摇的念头,不合理行为有出现趋势,但案主说会坚持弹击下去。

社会工作者:Y,坚持去做一件事情没有不成功的,老师相信你肯定能成功。

案主:嗯,我会坚持的老师。老师,你觉得我有进步吗,为什么我觉得老师对我还是有意见呢,还是对我不管不问呢?

社会工作者:Y 不要着急,老师要慢慢发现你的变化,你要做最好的自己,不要在乎别人的看法。

案主:嗯,好吧。

(案主一直对学校的教育方式很不满,对老师对待自己的态度很不满,社工决定这次活动后要去找老师谈谈)

社会工作者:Y,咱们今天要学习行为代币制。

案主:代币制?

社会工作者:简单地说,就是找到你喜欢的事物或生活中必不可缺少的事情作为替代你不合理行为的兑换内容。

案主:嗯,好的。(案主答应得很爽快)

具体实施步骤:社工向 Y 具体介绍了代币制的实施方法,并给 Y 一份行为代币价值表。社工根据案主的实际情况,把案主的不合理行为次数定在了 4 次,以后每周逐次减少。

行为代币价值表

周数		日常行为点数	获得代币点数

代币兑现选择表

我喜欢的物品	所需点数
去买自己喜欢的鞋子	15
去公园	5
去溜旱冰	20
看一场电影	25

通过社会组织、社会工作者的介入,这个个案的主人公 Y,一点点觉察了自己的行为和心理上的误区,了解了被欺凌的痛苦感受,一步步修正了自己欺凌他人的错误行为。

这是社会组织介入校园霸凌的一个个案。放在这里,是想让家长朋友们初步了解一下:社会组织进行介入,其实就是在运用心理学的专业知识和技能帮助孩子们。现在,在世界各国,人们对心理咨询的需求都在日趋增多。如果孩子在校园霸凌中受到了欺凌或实施了欺凌,心理上难免受到影响。一旦家长感到孩子的问题比较严重,而家长无能为力,可以向社会组织,比如声誉卓著、专业性强的心理工作室求助。

目前家长朋友和孩子们对于心理咨询还存在一些理解上的误区,认为如果进行心理咨询就表明"心理有病",很丢人。其实每个人在人生的某个阶段甚至可以说很多阶段,都会在生活、学习、工作、人际关系等方面产生心理上的困扰。这时向心理咨询师求助是非常正确的解决问题的方法。在欧美国家,很多人都有固定的心理咨询师,定期跟咨询师交流,就像定期体检一样正常。如果用数字来表示人的心理状态的话,进行心理咨询可以把−8的人提高到−2;而时常"体检",及早介入,还可能把+2的心理状态提升到+6。所以,我们不要戴着有色眼镜看待心理咨询,还是要预防为主,尽早介入。

第八章　孩子,请听我说

在校园霸凌中,没有赢家。受到欺凌的孩子、实施欺凌的孩子、双方的家庭、学校,都受到损害。霸凌现象,已经受到全社会的关注。我周围的学生家长、各行各业的朋友们对霸凌现象都很关注,他们对受欺凌的孩子说了很多安慰、温暖的话,对实施欺凌的孩子说了一些警示的话。我选择几条记录下来(姓名已隐去):

温妈妈说:孩子,心疼你受到的伤害,疼了就哭一哭,养伤需要一段时间,不过,不要害怕,不要觉得羞愧。养好伤,继续往前走!

李爸爸说:孩子,做父母的可能不理解年轻人做的事,但我们永远是你坚强的后盾!

赵妈妈说:不幸是一所大学,教会你如何强大。我期待你从这所大学毕业走向幸福,而不是中途退学。

何爸爸说:当一个孩子绝望到连父母都不再信任,我希望有个机构或热线,给他留一线光明,让他获得暂时的安宁。

秦妈妈说：世界之大，有很多有趣的事可做。投篮成功、百米冲刺、远足登山……都比打人有益身心。真正的强者做别人敬佩的事，而不是做别人厌恶的事。试着改变，从今天开始！

郝警官说：校园霸凌不代表力量、强大、控制，而恰恰代表了你的懦弱、逃避问题、毫无责任心。这些不能让你自我实现，却会让你慢慢滑向犯罪的边缘，换来自己苦闷、不自由的人生。

郑律师说：在法治社会，犯罪的成本太高。欺凌别人的孩子，有些已经受到法律的制裁。希望实施欺凌的孩子，一定认识到这点，不要以身试法。

……

在我写这本书的过程中，不少朋友出谋划策、提供案例，真心感谢！不过，也有一位说话实在的朋友说："单靠一本书，能解决什么问题？有多少人会看，有多少人在乎呢？"

那么我就用这个小故事回答这位朋友的问题，并且作为本书的结语吧：

"在暴风雨后的一个早晨，一个男人来到海边散步。他一边沿海边走着，一边注意到，在沙滩的浅水洼里，有许多被昨夜的暴风雨卷上岸来的小鱼。它们被困在浅水洼里，回不了大海了，虽然近在咫尺。被困的小鱼，也许有几

197

百条,也许有几千条。用不了多久,浅水洼里的水就会被沙粒吸干,被太阳蒸干,这些小鱼都会干死的。

男人继续朝前走着。他忽然看见前面有一个小男孩,走得很慢,而且不停地在每一个水洼旁弯下腰去——他捡起水洼里的小鱼,并且用力把它们扔回大海。这个男人停下来,注视着这个小男孩,看他拯救着小鱼们的生命。

终于,这个男人忍不住走过去:"孩子,这水洼里有几百几千条小鱼,你救不过来的。"

"我知道。"小男孩头也不抬地回答。

"哦? 你为什么还在扔? 谁在乎呢?"

"这条小鱼在乎!"男孩一边回答,一边拾起一条鱼扔进大海。"这条在乎,这条也在乎! 还有这一条,这一条,这一条……"

既然校园霸凌是世界性难题,单靠一本书当然解决不了所有问题。我们要做的是:全社会都重视起来,关注每个孩子的成长,想方设法帮孩子远离校园霸凌;如果孩子遭遇校园霸凌,我们用爱陪伴在孩子身边,做我们力所能及的努力。相信,会有一个又一个孩子、一个又一个家庭受益,让"沙滩上面临干死的命运的小鱼"少一点,再少一点。

《送你一颗子弹》的作者刘瑜在《政治的尽头》一文中说:"他温和而不消极,明辨是非但不急于求成。改造世界对他来说不是将一个制度连根拔起,而是从给予身边的人一点一滴的温暖开始。"希望我的书,能给邂逅它的每一位读者一点温暖,一点力量。

参考资料

1. 马丁·塞利格曼等：《教出乐观的孩子》，杭州：浙江人民出版社，2013 年版。

2. 岳晓东：《心理咨询基本功技术》，北京：清华大学出版社，2015 年版。

3. 国家职业资格培训教程《心理咨询师（三级）》，北京：民族出版社，2012 年版。

4. 林崇德：《发展心理学》，北京：人民教育出版社，2009 年版。